Grundlagen der Steuerlehre

Volker Beeck

Grundlagen der Steuerlehre

Prüfungsrelevantes Wissen zum Steuerrecht
verständlich und praxisgerecht

5. Auflage

Volker Beeck
Mainz
Deutschland

ISBN 978-3-8349-3316-4   ISBN 978-3-8349-3798-8 (ebook)
DOI 10.1007/978-3-8349-3798-8

Die Deutsche Nationalbibliothek verzeichnet diese Publikation in der Deutschen Nationalbibliografie; detaillierte bibliografische Daten sind im Internet über http://dnb.d-nb.de abrufbar.

Springer Gabler
© Gabler Verlag | Springer Fachmedien Wiesbaden 2012
Das Werk einschließlich aller seiner Teile ist urheberrechtlich geschützt. Jede Verwertung, die nicht ausdrücklich vom Urheberrechtsgesetz zugelassen ist, bedarf der vorherigen Zustimmung des Verlags. Das gilt insbesondere für Vervielfältigungen, Bearbeitungen, Übersetzungen, Mikroverfilmungen und die Einspeicherung und Verarbeitung in elektronischen Systemen.

Die Wiedergabe von Gebrauchsnamen, Handelsnamen, Warenbezeichnungen usw. in diesem Werk berechtigt auch ohne besondere Kennzeichnung nicht zu der Annahme, dass solche Namen im Sinne der Warenzeichen- und Markenschutz-Gesetzgebung als frei zu betrachten wären und daher von jedermann benutzt werden dürften.

Einbandentwurf: KünkelLopka GmbH, Heidelberg

Gedruckt auf säurefreiem und chlorfrei gebleichtem Papier.

Springer Gabler ist eine Marke von Springer DE. Springer DE ist Teil der Fachverlagsgruppe Springer Science+Business Media
www.springer-gabler.de

Vorwort

Dieses Buch ist für Studierende der Wirtschaftswissenschaften an Fachhochschulen, Universitäten und Berufsakademien konzipiert, die sich in die Steuerlehre einarbeiten wollen. Ihre Interessenlage bestimmt Umfang und Inhalt der Schrift. Erforderlich erscheint zunächst die Begrenzung im Umfang auf nur einen Band. Sie ergibt sich aus dem Zeitaufwand, der für das Fach Steuern vom Studierenden aufgebracht wird. Im Rahmen eines Bachelorstudiums liegt die Zeit für die Lehre bei ca. 60 Stunden. Ein etwa gleicher Ansatz ist für die Eigenarbeit der Studierenden zu veranschlagen. Damit erscheint es verfehlt, für die einzelnen Steuerarten jeweils auf eine spezielle Monographie zurückzugreifen. Es ist vielmehr notwendig, das Grundwissen in einem einheitlichen Band komprimiert darzustellen. Vorrangig zu vermitteln ist die Systematik der jeweiligen Steuerart. Das geschieht auf einem umfassend angelegten Fundament, das es dem Leser ermöglicht, sein Wissen in späteren Lehrveranstaltungen, der beruflichen Weiterbildung oder im Selbststudium strukturiert auszubauen. Durchgerechnete Beispiele verdeutlichen den Stoff mit seinen Einzelproblemen und ergänzend dazu in einer Gesamtschau.

Die Darstellungen beruhen auf der Rechtslage des Jahres 2012.

Eine allgemeine Einführung setzt sich zunächst mit Grundfragen der Besteuerung in Deutschland auseinander. Daran anschließend werden die aus unternehmensbezogener Sicht wichtigsten Steuerarten abgehandelt (Einkommen-, Körperschaft-, Gewerbe- und Umsatzsteuer). Als unverzichtbar erwies sich wegen ihrer steigenden Bedeutung für unternehmerische Entscheidungen eine Einführung in die Erbschaft- und Schenkungsteuer. Sie ist ergänzt um die zur Bearbeitung praktischer Fälle notwendigen Grundlagen des Bewertungsrechts.

Grundzüge des Verfahrensrechts vervollständigen den steuerrechtlichen Teil.

Ausführungen zur betriebswirtschaftlichen Steuerlehre runden die ansonsten eher rechtlich orientierten Inhalte ab. Hier wird der Einfluss der Besteuerung auf die unternehmerischen Funktionen dargestellt und analysiert. Im Rahmen der „Einführung in die Steuerlehre" werden die grundlegenden Fragestellungen dieser betriebswirtschaftlichen Teildisziplin aufgezeigt. Anhand einiger ausgewählter Probleme werden Gegenstand und Methodik steuerlicher Analysen in der Betriebswirtschaftslehre näher erläutert. Daraus kann der Leser sich eine Meinung bilden, ob das Fach für ihn von weitergehendem Interesse ist und eine Spezialisierung in Studium und Beruf darauf in Betracht kommt.

Tieferes Verständnis und hinlängliche Sicherheit in der Bearbeitung steuerlicher Fragestellungen sind nur durch die Beschäftigung mit einer Vielzahl von Übungsfällen zu erlangen. Dazu geht das Buch einen besonderen Weg. Im Internet werden dem Leser ergänzende Übungsfälle mit Lösungshinweisen zur Verfügung gestellt. Damit gelingt es, stets höchsten Zeitbezug zu wahren. Auf Basis der Rechtsentwicklung werden neue Probleme aufgegriffen und Lösungen entwickelt.

Ergänzende Übungsfälle sind über die Website des Verlags zu diesem Buch erhältlich.

Zu jedem Kapitel finden sich weiterhin Literaturhinweise. Sie verweisen zur jeweiligen Thematik auf aktuelle und allgemein zugängliche Veröffentlichungen und werden ebenfalls über das Internet aktualisiert.

Seinen größten Nutzen erreicht das Buch aus der Kombination mit dem Besuch von Lehrveranstaltungen. In der Nachbereitung des Unterrichts lassen sich Einzelfragen klären, Zusammenhänge herstellen und anhand der Übungsfälle mit den zugehörigen Hinweisen zur Bearbeitung von Klausuren eine gut ausgeprägte Anwendungssicherheit erreichen.

Den Lesern wünsche ich mit Hilfe dieses Buchs einen erfolgreichen Einstieg in die Steuerlehre. Es würde mich freuen, wenn sie neben Fachwissen auch Spaß an der Materie gewinnen. Für Kritik und Verbesserungsvorschläge bin ich dankbar.

Frau Steuerberaterin Anette Hiedewohl danke ich für die kritische Durchsicht des gesamten Manuskripts und zahlreiche Anregungen für Verbesserungen. Das bezieht sich insbesondere auf das Kapitel zur Abgabenordnung.

Meinen Studentinnen und Studenten an der Fachhochschule Mainz verdanke ich zahlreiche Anregungen zur inhaltlichen Ausgestaltung, graphischen Aufbereitung und didaktischen Umsetzung des Stoffs.

Meine Frau Ute und unsere Tochter Felicitas sorgten während der Erstellung des Manuskripts für die nötige Abwechslung und Ermunterung.

Mainz, im Januar 2012   Volker Beeck

Inhaltsverzeichnis

Abkürzungen XIII

1 Grundlagen 1
1.1 Öffentliche Einnahmen 1
    1.1.1 System der öffentlichen Einnahmen 1
    1.1.2 Steuerhoheit 3
    1.1.3 System des Steuerrechts 5
    1.1.4 Rechtsgrundlagen des Steuerrechts 5
    1.1.5 Prinzipien der Besteuerung 7
1.2 Aufgaben und Aufbau der Finanzverwaltung 8

2 Einkommensteuer 11
2.1 Charakterisierung der ESt 11
2.2 Persönliche Steuerpflicht 11
2.3 Bemessungsgrundlage der ESt 12
2.4 System der Einkunftsarten 13
    2.4.1 Gliederung der Einkunftsarten 13
    2.4.2 Ermittlung der Einkünfte 14
    2.4.2.1 Ermittlung der Gewinneinkünfte 14
    2.4.2.2 Ermittlung der Überschusseinkünfte 18
    2.4.3 Darstellung der Einkunftsarten 19
    2.4.3.1 Einkünfte aus Land- und Forstwirtschaft (§§ 13–14 EStG) . . . 19
    2.4.3.2 Einkünfte aus Gewerbebetrieb (§§ 15–17 EStG) 19
    2.4.3.3 Einkünfte aus selbständiger Arbeit (§ 18 EStG) 23
    2.4.3.4 Einkünfte aus nichtselbständiger Arbeit (§§ 19, 19a EStG) . . 23
    2.4.3.5 Einkünfte aus Kapitalvermögen (§ 20 EStG) 25

	2.4.3.6 Einkünfte aus Vermietung und Verpachtung (§ 21 EStG)	26
	2.4.3.7 Sonstige Einkünfte (§§ 22, 23 EStG)	26
2.5	Gesamtbetrag der Einkünfte	27
	2.5.1 Summe der Einkünfte	27
	2.5.2 Altersentlastungsbetrag (§ 24a EStG) und Gesamtbetrag der Einkünfte	28
2.6	Verlustabzug (§ 10d EStG)	28
2.7	Sonderausgaben und außergewöhnliche Belastungen	30
	2.7.1 Sonderausgaben	30
	2.7.2 Außergewöhnliche Belastungen	32
2.8	Vom Einkommen abziehbare Beträge	33
2.9	Einkommensteuertarif	34
2.10	Ermäßigungen und Erhöhungen der Steuer	37
2.11	Veranlagung und Erhebung der ESt	38
	2.11.1 Veranlagung zur Einkommensteuer	38
	2.11.2 Erhebung der Einkommensteuer	39
2.12	Zuschlagsteuern zur ESt	39
2.13	Hinweise zur Bearbeitung von Fällen und Klausuren zur ESt	40
2.14	Musterfälle mit Lösungshinweisen	41
Literaturhinweise zu Kapitel 2		45
3	**Körperschaftsteuer**	**47**
3.1	Charakterisierung der KSt	47
3.2	Steuerpflicht	47
	3.2.1 Persönliche Steuerpflicht	47
	3.2.2 Bemessungsgrundlage der Körperschaftsteuer	48
3.3	Tarif (§ 23 KStG)	50
3.4	Steuerliche Behandlung von Ausschüttungen	51
3.5	Körperschaftsteuerliche Organschaft	52
3.6	Entstehung und Veranlagung der KSt	53
3.7	Hinweise zur Bearbeitung von Fällen und Klausuren zur Körperschaftsteuer	53
3.8	Musterfall mit Lösungshinweisen	54
Literaturhinweise zu Kapitel 3		56
4	**Gewerbesteuer**	**57**
4.1	Charakterisierung der GewSt	57

4.2	Steuergegenstand und Steuerpflicht (§ 2 GewStG)	58
4.3	Ermittlung der Höhe der GewSt	59
	4.3.1 Überblick	59
	4.3.2 Gewinn aus Gewerbebetrieb (§ 7 GewStG)	60
	4.3.3 Gewerbesteuerliche Modifizierungen (§§ 8 und 9 GewStG)	61
	4.3.3.1 Finanzierungsentgelte (§ 8 Nr. 1 GewStG)	61
	4.3.3.2 Steuerfreie Einnahmen nach § 3 Nr. 40 EStG und 8b KStG (§ 8 Nr. 5 GewStG)	63
	4.3.3.3 Verlustanteile aus Mitunternehmerschaften (§ 8 Nr. 8 GewStG)	63
	4.3.3.4 Kürzungen beim Grundbesitz (§ 9 Nr. 1 GewStG)	63
	4.3.3.5 Gewinnanteile an Kapitalgesellschaften (§ 9 Nrn. 2a, 7 GewStG)	63
	4.3.4 Verlustabzug (§ 10a GewStG)	64
	4.3.5 Überleitung vom Gewerbeertrag zum Steuermessbetrag (§ 11 GewStG)	64
	4.3.6 Hebesatz der Gemeinde (§ 16 GewStG)	64
	4.3.7 Zerlegung (§§ 28–34 GewStG)	65
4.4	Besteuerungsverfahren bei der GewSt	65
4.5	Besondere steuerliche Pflichten	67
4.6	Gewerbesteuerliche Organschaft	67
4.7	Hinweise zur Bearbeitung von Fällen und Klausuren zur GewSt	68
4.8	Musterfälle mit Lösungshinweisen	68
Literaturhinweise zu Kapitel 4		71
5	**Umsatzsteuer**	73
5.1	Charakterisierung der Umsatzsteuer	73
5.2	Problembereiche der Umsatzsteuer	74
5.3	Steuergegenstand (§ 1 UStG)	75
	5.3.1 Lieferungen und sonstige Leistungen (§ 1 Abs. 1 Nr. 1 UStG)	75
	5.3.2 Unentgeltliche Wertabgaben (§ 3 Abs. 1b, Abs. 9a UStG)	78
	5.3.3 Einfuhr (§ 1 Abs. 1 Nr. 4 UStG)	79
5.4	Steuerbefreiungen (§§ 4, 4b, 5 UStG)	80
5.5	Bemessungsgrundlage (§ 10 UStG)	81
5.6	Steuersätze (§ 12 UStG)	81
5.7	Erteilung einer Rechnung (§§ 14, 14a UStG)	82
5.8	Vorsteuerabzug (§ 15 UStG)	82
	5.8.1 Abzugsfähigkeit der Vorsteuer	82

	5.8.2 Aufteilung und Berichtigung des Vorsteuerabzugs	84
5.9	Besteuerungsverfahren	86
	5.9.1 Grundzüge des Verfahrens	86
	5.9.2 Kleinunternehmer (§ 19 UStG)	87
	5.9.3 Steuerschuldnerschaft des Leistungsempfängers (§ 13b UStG)	88
5.10	Aufzeichnungspflichten (§ 22 UStG)	88
5.11	Innergemeinschaftlicher Warenverkehr	89
	5.11.1 Grundlagen	89
	5.11.2 Innergemeinschaftlicher Erwerb (§§ 1 Abs. 1 Nr. 5; 1a UStG)	90
	5.11.3 Innergemeinschaftliche Lieferungen	91
	5.11.4 Zusätzliche Dokumentationspflichten	92
5.12	Umsatzsteuerliche Organschaft	93
5.13	Hinweise zur Bearbeitung von Fällen und Klausuren zur USt	93
5.14	Musterfall mit Lösungshinweisen	95
Literaturhinweise zu Kapitel 5		100
6	**Erbschaftsteuer**	**101**
6.1	Charakterisierung der Erbschaftsteuer	101
6.2	Persönliche Steuerpflicht (§ 2 ErbStG)	102
6.3	Steuerpflichtige Vorgänge	102
6.4	Ermittlung der Steuerbemessungsgrundlage	103
6.5	Festzusetzende Erbschaftsteuer	105
6.6	Besteuerungsverfahren	106
Literaturhinweise zu Kapitel 6		106
7	**Bewertung im Rahmen der Erbschaftsteuer**	**107**
7.1	Konzept der Bewertung	107
7.2	Bewertung des Grundvermögens	108
	7.2.1 Bewertung unbebauter Grundstücke	108
	7.2.2 Bewertung bebauter Grundstücke	108
7.3	Bewertung des Betriebsvermögens	109
Literaturhinweis zu Kapitel 7		111
8	**Abgabenordnung**	**113**
8.1	Stellung und Bedeutung der Abgabenordnung	113
8.2	Besteuerungsverfahren	114

	8.2.1	Örtliche und sachliche Zuständigkeiten	114
	8.2.2	Ermittlungsverfahren	115
	8.2.2.1	Grundzüge des Ermittlungsverfahrens	115
	8.2.2.2	Mitwirkungs-, Auskunftspflicht und Zwangsmittel	116
	8.2.3	Festsetzungsverfahren	117
	8.2.3.1	Steuerbescheide und sonstige Verwaltungsakte	117
	8.2.3.2	Bekanntgabe des Steuerbescheids und Berechnung von Fristen	117
	8.2.3.3	Vorbehalt der Nachprüfung und vorläufige Steuerfestsetzung	118
	8.2.4	Erhebungsverfahren	119
	8.2.4.1	Grundzüge	119
	8.2.4.2	Verlängerung von Fristen	119
	8.2.4.3	Erlöschen der Steuerschuld	120
	8.2.5	Nachträgliche Korrektur von Verwaltungsakten	121
8.3	Rechtsbehelf		122
	8.3.1	Außergerichtlicher Rechtsbehelf	122
	8.3.2	Gerichtlicher Rechtsbehelf	123
8.4	Prüfung durch das Finanzamt		123
8.5	Verbindliche Auskunft		125
Literaturhinweise zu Kapitel 8			125
9	**Betriebswirtschaftliche Steuerlehre**		127
9.1	Aufgaben und Konzeption der betriebswirtschaftlichen Steuerlehre		127
9.2	Einfluss der Besteuerung auf ausgewählte Entscheidungen		128
	9.2.1	Besteuerung und Investitionsentscheidungen	128
	9.2.1.1	Erfolgsbesteuerung im Kapitalwertkalkül	128
	9.2.1.2	Erfolgsbesteuerung in finanzplanorientierten Investitionsrechnungen	130
	9.2.2	Besteuerung und Wahl der Rechtsform	131
	9.2.3	Besteuerung und private Vermögensanlage	134
Literaturhinweise zu Kapitel 9			135
Sachverzeichnis			137

Abkürzungen

A	Abschnitt
AdV	Aussetzung der Vollziehung
AEAO	Anwendungserlass zur Abgabenordnung
AfA	Absetzung für Abnutzung
AG	Aktiengesellschaft
AO	Abgabenordnung
AZ	Aktenzeichen
BBK	Buchführung, Bilanz, Kostenrechnung (Zeitschrift)
BewG	Bewertungsgesetz
BEZ	Bundesergänzungszuweisungen
BFH	Bundesfinanzhof
BGB	Bürgerliches Gesetzbuch
BP	Betriebsprüfung
BpO	Betriebsprüfungsordnung
BStBl	Bundes Steuerblatt
bspw.	beispielsweise
BVerfG	Bundesverfassungsgericht
bzw.	beziehungsweise
DB	Der Betrieb (Zeitschrift)
DStR	Deutsches Steuerrecht (Zeitschrift)
EDV	elektronische Datenverarbeitung
EGAO	Einführungsgesetz zur AO
EigZulG	Eigenheimzulagengesetz
EK	Eigenkapital
Elster	elektronische Steuererklärung
ErbSt/SchenkSt	Erbschaft-/Schenkungsteuer
ESt	Einkommensteuer
EStDV	Einkommensteuer-Durchführungsverordnung
EStG	Einkommensteuergesetz
EStR	Einkommensteuer-Richtlinien
EuGH	Europäischer Gerichtshof

f., ff.	folgend, fortfolgend
FAZ	Frankfurter Allgemeine Zeitung
FGO	Finanzgerichtsordnung
FVG	Gesetz über die Finanzverwaltung
GDPdU	Grundsätze zum Datenzugriff und zur Prüfbarkeit digitaler Unterlagen
GewSt	Gewerbesteuer
GewStDV	Gewerbesteuer-Durchführungsverordnung
GewStG	Gewerbesteuergesetz
GewStR	Gewerbesteuer-Richtlinien
GG	Grundgesetz
GmbH	Gesellschaft mit beschränkter Haftung
GmbHR	GmbH-Rundschau (Zeitschrift)
GNOFÄ	Grundsätze zur Neuorganisation der Finanzämter und zur Neuordnung des Besteuerungsverfahrens
gGrds.	grundsätzlich
GrdSt	Grundsteuer
GrESt	Grunderwerbsteuer
H	Hinweis
HGB	Handelsgesetzbuch
ig.	innergemeinschaftlich
i. V. m.	in Verbindung mit
JStG	Jahressteuergesetz
KapGes	Kapitalgesellschaft
KfzSt	Kraftfahrzeugsteuer
KG	Kommanditgesellschaft
KSt	Körperschaftsteuer
KStDV	Körperschaftsteuer-Durchführungsverordnung
KStG	Körperschaftsteuergesetz
KStR	Körperschaftsteuer-Richtlinien
LStDV	Lohnsteuer-Durchführungsverordnung
LStR	Lohnsteuer-Richtlinien
MinöSt	Mineralölsteuer
Mrd.	Milliarde
OFD	Oberfinanzdirektion
OHG	Offene Handelsgesellschaft
p. a.	per annum
S	Seite
sog.	sogenannte(r)
SolZ	Solidaritätszuschlag
SteuerStud	Steuer und Studium (Zeitschrift)

StPfl.	Steuerpflichtiger
StuW	Steuer und Wirtschaft (Zeitschrift)
u. a.	und andere, unter anderem
USt	Umsatzsteuer
UStDV	Umsatzsteuer-Durchführungsverordnung
UStG	Umsatzsteuergesetz
UStR	Umsatzsteuer-Richtlinien
u. U.	unter Umständen
VA	Verwaltungsakt
vEK	verwendbares Eigenkapital
vGA	verdeckte Gewinnausschüttung
vgl.	vergleiche
v. H.	vom Hundert
VSt	Vermögensteuer
z. B.	zum Beispiel
z. T.	zum Teil
z. v. E.	zu versteuerndes Einkommen

Grundlagen 1

1.1 Öffentliche Einnahmen

1.1.1 System der öffentlichen Einnahmen

Zur Bestreitung ihrer Ausgaben verfügen die Gebietskörperschaften (Bund, Länder und Gemeinden) über unterschiedliche monetäre Einnahmen. Neben den hoheitlichen Abgaben (Steuern und Kausalabgaben) stehen ihnen Erwerbseinkünfte, Privatisierungs- und Veräußerungserlöse sowie die Schuldenaufnahme zur Verfügung. Herausragende Bedeutung kommt dabei den Steuern zu.

Bei den Steuern handelt es sich um Zwangsabgaben zur allgemeinen Finanzierung der Staatsaufgaben. Sie stellen Geldleistungen dar, denen keine konkrete Leistung des Staats gegenübersteht. Ausschließlich von öffentlich-rechtlichen Gemeinwesen erhoben, dienen sie der Erzielung von Einnahmen. Allerdings kann die Einnahmeerzielung bloßer Nebenzweck sein, während Lenkungsaufgaben in den Vordergrund treten. So sollen z. B. die ökologisch begründeten Mineralölsteuererhöhungen und die Einführung anderer Energiesteuern auf ein umweltgerechtes Verhalten hinwirken.

Grundlegend für die Besteuerung ist das Prinzip der Tatbestandsmäßigkeit. Danach bedarf es zur Erhebung von Steuern einer gesetzlichen Grundlage, die im konkreten Einzelfall verwirklicht ist (§ 3 AO).

Das deutsche Steueraufkommen belief sich im Jahre 2010 auf 531 Mrd. €. Bis zum Jahr 2012 wird mit einem Anstieg auf 585 Mrd. € gerechnet.

Bezogen auf das Bruttoinlandsprodukt liegt die Belastungsquote bei ca. 22 %. Ergänzt um Sozialabgaben erreicht die Abgabenbelastung fast 40 %. In Deutschland existieren gegenwärtig etwa 35 verschiedene Steuern. Das Steueraufkommen ist jedoch auf nur wenige Steuerarten konzentriert.

Mit Hilfe zahlreicher Kriterien lassen sich die Steuern beschreiben und systematisieren. Hinsichtlich der Auswirkung beim Steuerschuldner unterscheiden sich direkte und indirekte Steuern. Bei den direkten Steuern (z. B. ESt, KSt) sind Steuerschuldner und mit der Steuer Belasteter identisch. Im Gegensatz dazu werden die indirekten Steuern (z. B. USt) vom Steuerschuldner auf eine andere Person abgewälzt.

Die betriebswirtschaftliche Steuerlehre systematisiert die Steuerarten nach Tatbeständen, auf die unternehmerische Entscheidungen ausgerichtet sind. Danach ist zwischen Ertragsteuern (ESt, KSt, GewSt), Verkehrsteuern, die an Vorgänge des Wirtschafts- oder Rechtsverkehrs anknüpfen (USt, GrESt) und Substanzsteuern (VSt, GrSt) zu unterscheiden.

	Steuerart	Steueraufkommen (Mio. €)	
		2010	2009
1.	Umsatzsteuer	180.042	176.991
2.	Lohnsteuer	127.904	135.165
3.	Energiesteuer	39.838	39.822
4.	Gewerbesteuer	35.712	32.421
5.	veranlagte Einkommensteuer	31.179	26.430
6.	Kapitalertragsteuer	21.691	24.916
7.	Tabaksteuer	13.492	13.366
8.	Körperschaftsteuer	12.041	7.173
9.	Solidaritätszuschlag	11.713	11.927
10.	Grundsteuer	11.315	10.936
11.	Versicherungsteuer	10.284	10.548
12.	Kraftfahrzeugsteuer	8.488	8.201
13.	Stromsteuer	6.171	6.278
14.	übrige Steuern und Zölle	20.717	19.826
	Einnahmen	530.587	524.000

An volkswirtschaftlichen Überlegungen ist eine Orientierung nach Anknüpfungspunkten im marktwirtschaftlichen Prozess ausgerichtet. Danach sind Steuern auf Vermögen und Vermögensverkehr (ErbSt/SchenkSt, VSt, GrESt), auf die Einkommensentstehung (ESt, KSt, GewSt) sowie die Einkommensverwendung (USt, spezielle Verbrauchsteuern) zu unterscheiden.

An der Ertragshoheit der Steuern richtet sich die Gliederung der Finanzstatistik in Gemeinschaft-, Bundes-, Landes- und Gemeindesteuern aus. Maßgeblich für die Bezeichnung ist die Gebietskörperschaft, der das Aufkommen aus der jeweiligen Steuer zufließt. Am Aufkommen der Gemeinschaftsteuern sind Bund, Länder und ggf. Gemeinden gemeinsam beteiligt.

Gesichtspunkten der Aufbauorganisation der Finanzverwaltung entspricht die Unterteilung nach Besitzsteuern (ESt, KSt, GrSt), Verkehrsteuern (USt, GrESt) und Zöllen.

Anders als die Steuern weisen Kausalabgaben einen rechtfertigenden Grund auf. Zu ihnen zählen vorrangig Gebühren und Beiträge. Als Entgelte für spezielle öffentliche Leistungen werden Gebühren erhoben (z. B. Müllabfuhr-, Justizgebühren). Beiträge fallen hingegen nicht für die tatsächliche Inanspruchnahme von Leistungen an, sondern bereits für die bloße Möglichkeit der Nutzung (z. B. Anliegerbeiträge für Kanalisation und Straßenbau, Kurtaxe). Ferner zählen zu den Kausalabgaben Sonderabgaben (z. B. Schwerbehinderten-, Fehlbelegungs- und Abwasserabgaben). Monetäre Sanktionen werden wegen der Übertretung gesetzlicher Vorschriften (z. B. steuerliche Nebenleistungen i. S. von § 3 Abs. 4 AO) verhängt.

Ergänzend zu den Steuern sind Unternehmen und Bürger mit Bürokratiekosten von jährlich ca. 50 Mrd. € belastet. Sie fallen für unterschiedlichste Informationspflichten wie z. B. Aufbewahrungs-, Steuererklärungs- und weitere Meldepflichten an.

Erwerbseinkünfte der öffentlichen Hand resultieren aus deren Beteiligung am allgemeinen Marktgeschehen, haben also keinen hoheitlichen Charakter. Sie ergeben sich aus der Nutzung von Geld-, Kapital- und Grundvermögen.

Mit der Privatisierung von Bundesunternehmen ist der Bund bestrebt, zusätzliche Einnahmen zu erwirtschaften. Abhängig von der allgemeinen Verfassung des Kapitalmarktes schwanken die Privatisierungserlöse. Sie sollen 2012 bei 5 Mrd. € liegen.

Von den bisher aufgeführten öffentlichen Einnahmen unterscheidet sich die Schuldenaufnahme, da sie nur zu einer zeitlich begrenzten Verfügbarkeit von Finanzmitteln führt. Aufgrund ständig erfolgender Neuverschuldungen nimmt die Kreditfinanzierung allerdings einen dauerhaften Charakter an. So liegt das geplante Volumen der Nettokreditaufnahme des Bundes im Jahre 2012 bei 26 Mrd. € entsprechend 8,5 % des Haushaltsvolumens. Durch die Neuregelung in Art. 115 GG („Schuldenbremse") soll die jährliche Neuverschuldung auf 0,35 % des Bruttoinlandsprodukts begrenzt werden. Das durch den Vertrag von Maastricht festgelegte Stabilitätskriterium, das die Grenze der öffentlichen Verschuldung bei 60 % des Bruttoinlandsprodukts fixiert, wird von Deutschland seit vielen Jahren nicht mehr eingehalten.

1.1.2 Steuerhoheit

Die Steuerhoheit ist ein Teil der staatlichen Finanzhoheit und befasst sich mit den Einnahmen in Form von Steuern. Zu unterscheiden sind Gesetzgebungs-, Ertrags- und Verwaltungshoheit. In Deutschland ist die Steuerhoheit auf Bund, Länder und Gemeinden verteilt. Gesetzgebungshoheit ist das Recht, Steuergesetze zu erlassen. Der Bund verfügt über die ausschließliche Gesetzgebungskompetenz für Zölle und das Branntweinmonopol. Für die übrigen Steuern steht ihm die konkurrierende Gesetzgebung zu, sofern er an deren Aufkommen beteiligt ist oder das Bedürfnis nach einer bundeseinheitlichen Regelung besteht. Seine Möglichkeiten hat der Bund vollständig genutzt, so dass alle wesentlichen Steuern durch Bundesgesetze geregelt sind. Sie bedürfen im Gesetzgebungsverfahren der Zustimmung des Bundesrats, sofern Länder oder Gemeinden am Aufkommen der Steuer beteiligt sind.

Den Ländern verbleibt lediglich die Gesetzgebungshoheit über örtliche Verbrauch- und Aufwandsteuern (z. B. HundeSt, VergnügungSt). Aufgrund von Landesverfassungen bzw. Kommunalabgabengesetzen haben sie dieses Recht auf die Gemeinden übertragen.

Mittels der Ertragshoheit ist festgelegt, welchen Gebietskörperschaften das Steueraufkommen zufließt (vgl. folgende Absätze). Das Aufkommen aus bestimmten Steuern ist entweder einzelnen Ertragsberechtigten (Bund, Länder und Gemeinden) zugeordnet oder verteilt sich auf mehrere Gebietskörperschaften (Gemeinschaftsteuern).

Dem Bund stehen ca. 43 % des Steueraufkommens zur Finanzierung seines Haushalts zur Verfügung.

An der Verwaltung der Steuern sind neben Bundes- und Landesfinanzbehörden auch die Gemeinden beteiligt. Durch die Kommunalabgabengesetze der Bundesländer ist den Gemeinden die Verwaltung der örtlichen Verbrauch- und Aufwandsteuern zugewiesen. Weiterhin wirken sie an der Veranlagung von GewSt (vgl. Absch. 4.4) und GrSt mit.

Ertragshoheit		
Bund	Länder	Gemeinden
Energiesteuer	VermögenSt	Gewerbesteuer
TabakSt	Erbschaft- u. SchenkungSt	Grundsteuer
Solidaritätszuschlag	GrdESt	Örtliche Verbrauch- u. AufwandSt
VersicherungSt	Rennwett- u. LotterieSt	
KfzSt	BierSt	
Stromsteuer	Spielbankabgabe	
Zölle		
Gemeinschaftsteuern		
Einkommen-, Körperschaft- und Umsatzsteuer		

Aufgrund der ursprünglichen Verteilung des Steueraufkommens weisen die Bundesländer eine ganz unterschiedliche Finanzausstattung auf. Um die Einheitlichkeit der Lebensverhältnisse in Deutschland zu wahren, muss die Finanzkraft der Länder allerdings auf vergleichbarem Niveau liegen. Die dazu notwendige Angleichung erfolgt durch den Finanzausgleich. In einem zweistufigen Verfahren wird zunächst durch Transferleistungen zwischen den Bundesländern ein erster Ausgleich erreicht (horizontaler Ausgleich). Sein Volumen lag im Jahr 2010 bei 7 Mrd. €. Durch allgemeine Ergänzungszuweisungen verstärkt anschließend der Bund die Finanzkraft der schwachen Länder (vertikaler Ausgleich) um weitere 2,6 Mrd. €. Damit wird das Finanzniveau der Nehmerländer auf ca. 98 %

1.1 Öffentliche Einnahmen

des Bundesdurchschnitts aufgebessert. Zusätzliche Bundesergänzungszuweisungen nach dem Finanzausgleichsgesetz kompensieren für finanzschwache Bundesländer von ihnen zu tragende Sonderlasten infolge der deutschen Teilung, hoher struktureller Arbeitslosigkeit oder übermäßiger Kosten der politischen Führung.

Kritische Einwände richten sich gegen die technische Ausgestaltung und die negativen wirtschaftlichen Konsequenzen des als überzogen angesehenen Finanzausgleichs. Die gesetzlichen Regelungen erweisen sich als intransparent und überaus kompliziert. Dazu setzt das Umverteilungssystem ökonomisch falsche Anreize. Denn das extrem hohe Ausgleichsniveau macht es für die ausgleichsberechtigten Länder weitgehend uninteressant, eine gute Wirtschafts- und Strukturpolitik zur Stärkung der eigenen Finanzkraft zu betreiben.

Ähnliche Probleme wie beim Finanzausgleich zwischen Bund und Ländern stellen sich beim kommunalen Finanzausgleich. Hierin ist die Finanzverteilung von der Ebene eines Bundeslandes auf Kreise, Städte und Gemeinden geregelt. Die Zuweisungen des Landes an die Kommunen sind ausreichend zu bemessen, damit diese die ihnen übertragenen Aufgaben finanzieren können. Des Weiteren müssen sie bedarfsgerecht ausfallen, indem sie Einwohnerzahlen und flächenmäßige Ausdehnung der Kommunen berücksichtigen.

1.1.3 System des Steuerrechts

Das Steuerrecht ist ein Teilgebiet des öffentlichen Rechts. Es ist in Allgemeines und Besonderes Steuerrecht untergliedert. Zum Allgemeinen Steuerrecht zählen seine verfassungsrechtlichen Grundlagen, Steuerschuld- und Steuerverfahrensrecht sowie das steuerliche Rechtschutzverfahren. Ferner sind hier die Regelungen des BewG zur Bewertung einzuordnen, die in anderen Gesetzen Anwendung finden. Aus dem Allgemeinen Steuerrecht werden keine konkreten Pflichten zur Steuerzahlung begründet.

Im Besonderen Steuerrecht wird eine Vielzahl von Lebenssachverhalten der Besteuerung unterworfen. Grundlage zur steuerlichen Erfassung sind die Einzelsteuergesetze. Sie legen die persönliche und sachliche Steuerpflicht fest.

1.1.4 Rechtsgrundlagen des Steuerrechts

Grundlage der Besteuerung sind Rechtsnormen, Verwaltungsvorschriften und die Rechtsprechung.

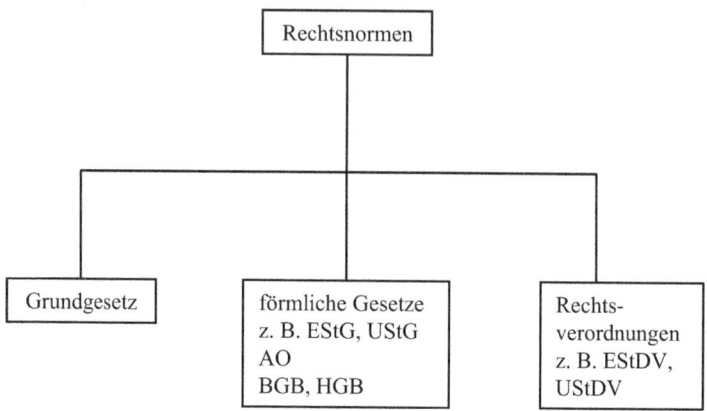

Rechtsnormen (Rechtssätze, -quellen) beinhalten Regelungen, die für alle Betroffenen verbindlich sind und deren Umsetzung durch staatliches Handeln gewährleistet wird. Den verfassungsrechtlichen Rahmen bildet das Grundgesetz. Es enthält Bestimmungen zur Finanzverfassung und -verwaltung (Art. 105 ff. GG) und formuliert gleichzeitig inhaltliche Ansprüche an die einzelnen Steuergesetze. Daneben stehen innerstaatliche Rechtsnormen in Form von formellen Gesetzen und Durchführungsverordnungen. Im förmlichen Gesetzgebungsverfahren sind die Steuergesetze entstanden. Als Einzelsteuergesetze regeln sie die verschiedenen Steuerarten. Weitere Steuergesetze wie das Umwandlungsteuer-, Außensteuer-, Investitionszulagen- oder Vermögensbildungsgesetz sind zu besonderen Problembereichen verabschiedet worden.

In das deutsche Steuerrecht finden verschiedene internationale Komponenten Eingang. Dazu zählen vorrangig die Abkommen zur Vermeidung der Doppelbesteuerung (= Doppelbesteuerungsabkommen). Dabei handelt es sich um völkerrechtliche Verträge, die von der Bundesrepublik Deutschland mit anderen Staaten abgeschlossen wurden. Sie haben als lex specialis Vorrang vor den Steuergesetzen (§ 2 AO). Supranationale Rechtsquellen sind die Richtlinien der Europäischen Union. Sie zielen auf eine Harmonisierung des Steuerrechts zwischen den Mitgliedstaaten, um Gleichheit im Wettbewerb zu erreichen und die Funktionsfähigkeit des Binnenmarktes zu stärken. Sie bedürfen der Umsetzung in innerstaatliches Recht und erlangen erst dadurch Verbindlichkeit für die einzelnen Steuerpflichtigen.

Ebenfalls mit materieller Gesetzeskraft sind Rechtsverordnungen ausgestattet. Zur Entlastung der Steuergesetze werden sie von der Bundesregierung – ggf. unter Zustimmung des Bundesrats – als Durchführungsverordnungen zu den Steuergesetzen erlassen (Art. 80 GG). Über eigene Steuersatzungen legen die Gemeinden die Hebesätze zur GewSt, GrSt und die örtlichen Verbrauch- und Aufwandsteuern fest.

Verwaltungsvorschriften werden durch die Bundesregierung (Richtlinien zu den Steuergesetzen), die obersten Finanzbehörden (Erlasse und Schreiben) sowie die Oberfinanzdirektionen herausgegeben. Sie binden jeweils nur die nachgeordneten Behörden, nicht aber die Gerichte und die Steuerpflichtigen.

Die Steuerrichtlinien dienen vorrangig dazu, die gesetzlichen Vorschriften zu erläutern, Zweifelsfälle zu klären und eine gleichmäßige Rechtsanwendung herbeizuführen.

Durch die Rechtsprechung von Finanzgerichten und Bundesfinanzhof wird das Handeln der Finanzverwaltung im Einzelfall auf Rechtmäßigkeit überprüft. Allgemeine Bedeutung gewinnt sie durch Übertragung auf ähnlich gelagerte Fälle. Darüber hinaus ergeben sich intensive Auswirkungen der Rechtsprechung des Europäischen Gerichtshofs sowie des Bundesverfassungsgerichts auf die deutsche Steuergesetzgebung.

1.1.5 Prinzipien der Besteuerung

Die Ausgestaltung der Besteuerung hat rechtsstaatlichen Prinzipien zu entsprechen. Dazu gehört zunächst eine formale Komponente, nach der Steuern ausschließlich auf der Grundlage eines gültigen Gesetzes erhoben werden. Im Gesetz müssen der Tatbestand und die Rechtsfolgen aufgeführt sein, damit der Steuerpflichtige eine auftretende Steuerbelastung berechnen und sein Handeln darauf einstellen kann. Über die formale Gerechtigkeit hinaus muss das Steuerrecht inhaltlichen Gerechtigkeitserwägungen (materielle Komponente) genügen. Sie leiten sich aus dem GG sowie den darin getroffenen Wertungen ab. Tragendes Prinzip ist dabei der Grundsatz der Gleichmäßigkeit der Besteuerung. Er beinhaltet neben der Gleichheit aller Bürger vor dem Gesetz die Forderung nach einer gleichmäßigen Belastung mit Steuern. Nach dem gegenwärtigen gesellschaftlichen Konsens entspricht dem die Besteuerung nach der Leistungsfähigkeit am besten. Sie verkörpert sich bei der ESt z. B. durch einen progressiven Tarifverlauf. Dem gleichen Ziel dient in unserem Vielsteuersystem die steuerliche Belastung von Einkommen und Konsum, bei denen es sich um verschiedene Aspekte der persönlichen Leistungsfähigkeit handelt.

Verfassungsrechtliche Schranken begrenzen den steuerlichen Zugriff. So darf z. B. ein Einkommensbetrag in Höhe des Existenzminimums nicht der ESt unterworfen werden. Aus der Eigentums- und Erbrechtsgarantie (Art. 14 GG) leitet sich die Forderung nach einer eigentumsschonenden Besteuerung ab. Sie veranlasste das BVerfG dazu, die bis einschließlich 1996 geltende Vermögensteuer wegen ihrer in Zusammenhang mit der Einkommensbesteuerung übermäßigen Belastungswirkung als verfassungswidrig anzusehen.

Dem besonderen Schutz von Ehe und Familie hat auch das Steuerrecht zu entsprechen. Ihren Ausdruck findet diese Vorgabe z. B. in der erbschaftsteuerlichen Schonung des durchschnittlichen Gebrauchs- und Vorsorgevermögens. In die gleiche Richtung weisen die Beschlüsse des BVerfG zur steuerlichen Berücksichtigung von Mehrbelastungen durch Kinder bei Ehepaaren. Hier machte das Gericht deutlich, dass bei verheirateten Eltern ebenso wie bei Ledigen die besonderen Belastungen aus Betreuung und Erziehung der Kinder in der Bemessung ihrer steuerlichen Leistungsfähigkeit angemessen zu erfassen seien.

1.2 Aufgaben und Aufbau der Finanzverwaltung

Als Teil der öffentlichen Verwaltung ist die Finanzverwaltung vorrangig mit der Festsetzung und Erhebung der Steuern (Steuerverwaltung) sowie der Verwaltung des Vermögens der öffentlichen Hand befasst. Für ihren organisatorischen Aufbau sind der Dualismus zwischen dem Bund und den Bundesländern sowie ein hierarchischer Ansatz bestimmend. Zunächst ist eine Zweiteilung der Behördenstränge in Bundes- und Landesbehörden zu beachten.

Den Bundesbehörden obliegt die Verwaltung der Zölle, des Branntweinmonopols, der bundeseinheitlich geregelten Verbrauchsteuern (z. B. EnergieSt, Stromsteuer, TabakSt) incl. der Einfuhrumsatzsteuer sowie der Abgaben im Rahmen der Europäischen Union. Die übrigen Steuern werden weitestgehend durch die Landesfinanzbehörden verwaltet, die dabei teilweise im Auftrag des Bundes tätig werden.

Als oberste Behörden leiten die Finanzminister des Bundes und der Länder die ihnen jeweils nachgeordneten Finanzverwaltungen. Den obersten Behörden sind zur effizienten Aufgabenerfüllung sog. Oberbehörden zugeordnet. Diese nehmen spezielle, aus dem Verantwortungskreis der Ministerien verselbständigte Aufgaben wahr. Mit dem Charakter von Stabsstellen sind die Oberbehörden gegenüber Mittelbehörden und örtlichen Behörden nicht weisungsbefugt.

Im Zuge der Reform der Finanzverwaltung sind die Oberfinanzdirektionen (OFD) zu reinen Mittelbehörden der Landesfinanzverwaltung umgestaltet worden. Ihre Anzahl wurde auf 8 OFD'en und vergleichbare Behörden reduziert. Sie leiten die ihnen nachgeordneten Finanzämter und staatlichen Hochbauämter.

Als Mittelbehörden der Bundesfinanzverwaltung fungieren 5 Bundesfinanzdirektionen. Ihnen unterstehen als örtliche Behörden zur Erfüllung der operativen Aufgaben 43 Hauptzollämter und 277 Zollämter.

Die Verwaltung des Bundesvermögens wurde der Bundesanstalt für Immobilienaufgaben übertragen.

Finanzämter führen als örtliche Behörden das Besteuerungsverfahren durch, soweit für Zölle und Verbrauchsteuern nicht die Hauptzollämter zuständig sind oder die Gemeinden bei GewSt und GrSt tätig werden.

Die Organisationsstruktur eines Finanzamts zeigt die folgende Abbildung.

1.2 Aufgaben und Aufbau der Finanzverwaltung

Vorsteher			
Geschäftsstelle			
Steuerfestsetzung	Steuererhebung	Steuerprüfung	Spezielle Funktionen
- ESt - KSt - USt - LohnSt - Kfz-Steuer - GrESt - ErbSt	- Finanzkasse - Stundungs- und Erlassstelle - Vollstreckungsstelle	- Betriebsprüfung - Steuerfahndung - Bußgeld- u. Strafsachen	- Bewertungsstelle - Rechtsbehelfsstelle

Geleitet wird ein Finanzamt durch den Vorsteher. Organisatorisch ist es in einzelne Sachgebiete gegliedert. Miteinander verbundene Aufgaben werden in einer „Stelle" zusammengefasst. Im Vordergrund stehen die für die Steuerfestsetzung zuständigen Sachgebiete für die Veranlagung der ESt, KSt, GewSt sowie für USt und Lohnsteuer. Das Steuererhebungsverfahren wird durch die Finanzkasse, Stundungs-, Erlass- und Vollstreckungsstellen betrieben. Mit Betriebsprüfungs-, Steuerfahndungs-, Bußgeld- und Strafsachenstelle werden spezielle Funktionen wahrgenommen. Sonderaufgaben übernehmen weiterhin die Bewertungsstelle für die Bewertung von Grundbesitz sowie die Rechtsbehelfsstelle im außergerichtlichen Rechtsbehelfsverfahren.

Zur Rationalisierung der Verwaltung werden einzelne Funktionen bei speziellen Finanzämtern konzentriert. So gibt es z. B. Finanzämter, die ausschließlich mit Betriebsprüfungen, Steuerstrafsachen und Steuerfahndung, Kassenaufgaben oder der Veranlagung zur KSt befasst sind.

2 Einkommensteuer

2.1 Charakterisierung der ESt

Von der ESt werden die Einkommen natürlicher Personen erfasst. Sie ist eine Personensteuer und gehört zu den direkten Steuern. Verwaltungstechnisch zählt sie zu den Besitzsteuern und wird durch Veranlagung erhoben. Die Gesetzgebungshoheit für die ESt liegt beim Bund (Bundestag und Bundesrat).

Das Einkommensteuerrecht wird vorrangig durch das EStG, die zugehörige Durchführungsverordnung (EStDV) und die Einkommensteuer-Richtlinien (EStR) geregelt. Zur Klärung der in Zusammenhang mit der Lohnsteuer auftretenden Fragen dienen die Lohnsteuer-Durchführungsverordnung (LStDV) und die Lohnsteuer-Richtlinien (LStR).

Bei der Beschäftigung mit jedem materiellen Steuergesetz stellen sich verschiedene Grundfragen. Sie sind darauf gerichtet, „wer" der Steuer nach dem betreffenden Gesetz unterliegt (persönliche Steuerpflicht), „was" der Steuer unterliegt (sachliche Steuerpflicht und Bemessungsgrundlage der Steuer), „wie" die Steuer festgesetzt wird (Veranlagung), in welcher „betraglichen Höhe" sie anfällt (Steuertarif und -ermäßigungen) und „wann" die Steuer zu zahlen ist (Fälligkeit, Tilgung und Steuerabzug). Die genannten Fragenkreise spiegeln sich in der Inhaltsübersicht des EStG wider.

2.2 Persönliche Steuerpflicht

Der ESt unterliegen einzelne natürliche Personen. Lediglich bei der Zusammenveranlagung von Ehegatten kommt deren gemeinsame Besteuerung in Betracht. Das EStG unterscheidet zwischen unbeschränkter und beschränkter persönlicher Steuerpflicht (§ 1 EStG). Von der Art der Steuerpflicht hängt insbesondere der Umfang der Besteuerung ab. Unbeschränkt einkommensteuerpflichtig sind alle natürlichen Personen, die einen Wohnsitz (§ 8 AO) oder gewöhnlichen Aufenthalt (§ 9 AO) im Inland haben. Bei ihnen werden die weltweit erzielten Einkünfte (Welteinkommens-, Universalitätsprinzip) in Deutschland besteuert (§ 2 Abs. 1 EStG).

Beschränkt steuerpflichtig sind hingegen natürliche Personen, die in Deutschland ganz bestimmte Einkünfte beziehen, hier aber über keinen Wohnsitz oder gewöhnlichen Aufenthalt verfügen. Sie unterliegen mit ihren inländischen Einkünften (§ 49 EStG) der deutschen Einkommensteuer (Territorialprinzip). So würde z. B. der kanadische Dirigent Charles Dutoit, der keine persönlichen Anknüpfungsmerkmale zur Bundesrepublik Deutschland aufweist, die Honorare für seine Gastdirigate bei den Berliner Philharmonikern anlässlich von Konzerten in Deutschland der deutschen Einkommensteuer zu unterwerfen haben (§ 49 Abs. 1 Nr. 3 EStG).

2.3 Bemessungsgrundlage der ESt

Der ESt ist das von einer natürlichen Person innerhalb eines Veranlagungszeitraums (= Kalenderjahr) erwirtschaftete Einkommen unterworfen (§ 2 Abs. 7 EStG). Als Bemessungsgrundlage der ESt verwendet das EStG einen eigenen Einkommensbegriff, das sog. zu versteuernde Einkommen. Es ist nach einem besonderen Schema zu ermitteln (R 2 EStR), das in Abschn. 2.4.1 verkürzt dargestellt ist.

Als Einkünfte werden die Reinerträge aus den einzelnen Einkunftsarten nach Abzug der zugehörigen erwerbsbedingten Aufwendungen bezeichnet (objektives Nettoprinzip). Zu unterscheiden sind sieben Einkunftsarten. Sie weisen zahlreiche Unterschiede auf, die im Sachumfang der Besteuerung, der anzuwendenden Ermittlungstechnik, Pauschbeträgen für Werbungskosten, den Möglichkeiten zur Berücksichtigung von Verlusten, der Art der Steuererhebung, besonderen Steuersätzen sowie der Verbindung zur GewSt liegen. Deshalb ist es für die estl. Fallbearbeitung unerlässlich, die eingetretenen Vermögensmehrungen zunächst der zutreffenden Einkunftsart zuzuordnen.

Nur wenn die sachliche Einordnung unter eine der Einkunftsarten gelingt, kann es zur estl. Erfassung des betrachteten Vorgangs kommen. So gehören z. B. einmalige Vermögensanfälle aus Erbschaften, Schenkungen oder Spielgewinne nicht zum Kreis der steuerbaren Zuflüsse. Gleiches gilt für die Ergebnisse aus Liebhabereien, die nicht in der Absicht, Einkünfte zu erzielen, betrieben werden.

Ergänzend dazu sind verschiedene Einnahmen aus sozial-, wirtschafts- oder kulturpolitischen Gründen ganz oder teilweise von der Einkommensteuer befreit (§§ 3, 3b EStG). Das gilt z. B. für Leistungen aus Kranken- und gesetzlicher Unfallversicherung, Arbeitslosengeld oder auch Trinkgelder sowie Zuschläge für Sonntags-, Feiertags- und Nachtarbeit.

Soweit Ausgabe in unmittelbarem wirtschaftlichem Zusammenhang mit steuerfreien Einnahmen stehen, unterliegen sie einem Abzugsverbot (§ 3c EStG).

2.4 System der Einkunftsarten

2.4.1 Gliederung der Einkunftsarten

Das EStG unterscheidet nach einem ersten Differenzierungskriterium zwischen Gewinn- und Überschusseinkunftsarten. Die Gewinneinkunftsarten umfassen die Einkünfte aus Land- und Forstwirtschaft, Gewerbebetrieb und selbständiger Arbeit (§ 2 Abs. 2 Nr. 1 EStG). Die Einkünfte aus nichtselbständiger Arbeit, Kapitalvermögen, Vermietung und Verpachtung sowie die sonstigen Einkünfte bilden die Überschusseinkünfte (§ 2 Abs. 2 Nr. 2 EStG). Die verwendeten Bezeichnungen hängen von der Benennung der Ergebnisse in den Einkunftsarten ab: Sie gelten bei den Gewinneinkünften als Gewinn (bzw. Verlust), bei den Überschusseinkünften als Überschuss der Einnahmen über die Werbungskosten (kurz: Überschuss) bzw. Verlust.

Grundschema zur Ermittlung des zu versteuernden Einkommens (ohne Berücksichtigung des Verlustausgleichs)

Gewinneinkünfte:

1.	Einkünfte aus Land- und Forstwirtschaft	§ 13
2.	Einkünfte aus Gewerbebetrieb	§ 15
3.	Einkünfte aus selbständiger Arbeit	§ 18

Überschusseinkünfte:

4.	Einkünfte aus nichtselbständiger Arbeit	§ 19
5.	Einkünfte aus Kapitalvermögen	§ 20
6.	Einkünfte Vermietung und Verpachtung	§ 21
7.	sonstige Einkünfte	§ 22

=	*Summe der Einkünfte*	
./.	Altersentlastungsbetrag	(§ 24a)
./.	Entlastungsbetrag für Alleinerziehende	(§ 24b)
./.	Freibetrag bei Land- und Forstwirtschaft	(§ 13 Abs. 3)
=	*Gesamtbetrag der Einkünfte*	
./.	Verlustabzug	§ 10d
./.	Sonderausgaben	§§ 10, 10a, 10b, 10c
./.	außergewöhnliche Belastungen	§§ 33, 33a, 33b
=	*Einkommen*	
./.	Freibeträge für Kinder	§§ 31, 32 Abs. 6
=	*zu versteuerndes Einkommen*	

Wesentliche Unterschiede zwischen Gewinn- und Überschusseinkunftsarten liegen im Konzept der Besteuerung und der anzuwendenden Technik der Einkunftsermittlung. So wirken sich bei den Gewinneinkunftsarten Wertänderungen des zur Einkunftserzielung eingesetzten Vermögens auf die Ergebnisse aus. Veräußert z. B. ein Gewerbetreibender ein zu seinem Betriebsvermögen gehörendes Gebäude zu einem über den Anschaffungskosten liegenden Preis, so erhöht der realisierte Gewinn sein steuerliches betriebliches Ergebnis. Ein vergleichbarer Sachverhalt würde bei der Veräußerung einer zuvor vermieteten privaten Immobilie nicht zu Einkünften aus Vermietung und Verpachtung führen. Im Rahmen der Überschusseinkünfte bleiben derartige Gewinne und Verluste grds. unberücksichtigt. Eine Ausnahme besteht lediglich für private Veräußerungsgeschäfte (Spekulationsgeschäfte) (§§ 22 Nr. 2; 23 EStG).

Durch die Unternehmensteuerreform 2008 werden in Durchbrechung dieses Grundsatzes auch Veräußerungsgewinne aus privaten Kapitalanlagen (bis auf Immobilien) in die Einkünfte aus Kapitalvermögen einbezogen und einer Abgeltungsteuer unterworfen.

Von praktischem Nutzen für die Gesetzesanwendung ist die weitere Unterscheidung nach Haupt- und Nebeneinkunftsarten. Zu den Haupteinkunftsarten gehören die ersten vier Einkunftsarten. Nebeneinkunftsarten umfassen die Einkunftsarten fünf bis sieben. Mit der Unterteilung wird die Nachrangigkeit der Nebeneinkunftsarten verdeutlicht. Das bedeutet, dass Einkünfte vorrangig unter den Haupteinkunftsarten zu erfassen sind. Eine Einordnung unter einer bestimmten Nebeneinkunftsart kommt nur in Betracht, wenn keine Zuordnung zu einer Haupteinkunftsart oder einer vorrangigen anderen Nebeneinkunftsart möglich ist.

2.4.2 Ermittlung der Einkünfte

2.4.2.1 Ermittlung der Gewinneinkünfte

Zur Ergebnisermittlung in den ersten drei Einkunftsarten stehen unterschiedliche Gewinnermittlungsmethoden zur Verfügung. Sie umfassen vorrangig den Betriebsvermögensvergleich (Bestandsvergleich) sowie die Einnahmen-Überschuss-Rechnung. Sonderfälle stellen die auf die Landwirtschaft beschränkte Gewinnermittlung nach Durchschnittssätzen (§ 13a EStG) und die Tonnagebesteuerung beim Betrieb von Handelsschiffen im internationalen Verkehr (§ 5a EStG) dar.

Der Betriebsvermögensvergleich verläuft nach dem folgenden Grundschema (§ 4 Abs. 1 EStG):

2.4 System der Einkunftsarten

```
           Betriebsvermögen am Ende des Jahres
./.        Betriebsvermögen am Ende des Vorjahres
```

```
=          Betriebsvermögensunterschied
+          Privatentnahmen
./.        Privateinlagen
```

```
=          Gewinn / Verlust
```

Zum Betriebsvermögen gehören die dem Betrieb zuzurechnenden Wirtschaftsgüter und die betrieblichen Schulden. Hier wirkt sich die bilanzsteuerliche Unterscheidung zwischen Betriebs- und Privatvermögen aus. Üblicherweise werden die Kategorien des notwendigen Betriebs- und notwendigen Privatvermögens unterschieden. Zu ihnen tritt als dritte Vermögenssphäre das neutrale Vermögen, das sich als gewillkürtes Betriebs- bzw. Privatvermögen darstellt.

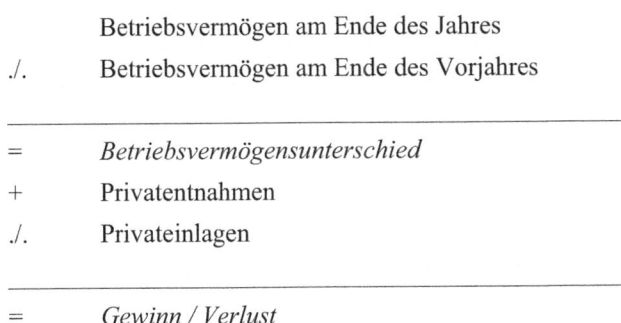

Ausschließlich und unmittelbar für den Betrieb eingesetzte Wirtschaftsgüter sind stets notwendiges Betriebsvermögen (R 4.2 Abs. 1 Satz 1 EStR). Das sind z. B. Produktionsanlagen, Roh-, Hilfs- und Betriebsstoffe sowie Kundenforderungen. Zum notwendigen Privatvermögen gehören die Gegenstände, die keinen erkennbaren Zusammenhang mit dem Betrieb aufweisen (z. B. Kleidung, Schmuck). Das neutrale Vermögen nimmt eine Zwischenstellung ein. Sofern es dazu verwendet wird, den Betrieb zu fördern, kann es als gewillkürtes Betriebsvermögen behandelt werden (R 4.2 Abs. 1 Satz 3 EStR). Anwendungsfälle hierfür sind z. B. als Kapital- oder Liquiditätsanlage erworbene Wertpapiere. Die Behandlung als gewillkürtes Betriebsvermögen setzt zwingend die unverzügliche Aufnahme des betreffenden Gegenstands in Buchführung und Bilanz bzw. besondere, laufend zu führende Verzeichnisse voraus. Bei Gewinnermittlung durch Einnahmen-Überschuss-Rechnung ist die Bildung von gewillkürtem Betriebsvermögen ebenfalls zulässig (BFH Urtl. vom 2.10.2003 – IV R 13/03).

Besonderheiten gelten für die Zuordnung von gemischt-genutzten Wirtschaftsgütern. Sie gehören grds. entweder vollständig zum Betriebs- oder Privatvermögen. Eine Aufteilung ist nur bei Grundstücken (R 4.2 Abs. 4 EStR) vorzunehmen. Die Einordnung geschieht nach dem Ausmaß der betrieblichen Nutzung:

betriebliche Nutzung > 50 v. H.	betriebliche Nutzung zwischen 10 und 50 v. H.	betriebliche Nutzung < 10 v. H.
Notwendiges Betriebsvermögen	Wahlrecht zwischen gewillkürtem Betriebs- oder Privatvermögen	Notwendiges Privatvermögen

Bei der Ermittlung des Betriebsvermögens sind Verbindlichkeiten zu berücksichtigen, wenn der Anlass ihrer Entstehung im betrieblichen und nicht im privaten Bereich liegt.

Das Betriebsvermögen entspricht damit prinzipiell dem Eigenkapital des Unternehmens. Es ist bei Bücher führenden Gewerbetreibenden aus einer Handelsbilanz abzuleiten, die ggf. an steuerliche Regelungen anzupassen ist. Der Betriebsvermögensunterschied ist um solche Vorgänge zu bereinigen, die nicht Resultat des betrieblichen Leistungsprozesses sind, sich aber im Eigenkapital niedergeschlagen haben. Das sind Privatentnahmen und -einlagen (§ 4 Abs. 1 EStG). Bei ihnen handelt es sich um Transaktionen zwischen betrieblicher und privater Sphäre des Steuerpflichtigen. Während Wertabgaben aus dem betrieblichen Bereich für nichtbetriebliche Zwecke als (Privat)entnahmen bezeichnet werden, gilt der umgekehrte Vorgang als (Privat)einlage. Die Zusammenhänge verdeutlicht das

Beispiel:
Während des Jahres 2012 wurden dem Betrieb für private Zwecke 90.000 € in bar entnommen und ein Grundstück im Wert von 150.000 € aus dem Privatvermögen zugeführt. Aus den Bilanzen sind folgende Größen zu entnehmen:

	31.12.2012	31.12.2011
Anlagevermögen	1.000.000 €	900.000 €
Umlaufvermögen	2.000.000 €	2.200.000 €
Aktiva	3.000.000 €	3.100.000 €
betriebliche Schulden	1.600.000 €	1.900.000 €
Betriebsvermögen = Eigenkapital	1.400.000 €	1.200.000 €

Zu ermitteln ist der Gewinn des Jahres 2012 durch Betriebsvermögensvergleich!

Betriebsvermögen 31.12.2012	1.400.000 €
./. Betriebsvermögen 31.12.2011	1.200.000 €
Betriebsvermögensunterschied	200.000 €
+ Privatentnahmen	90.000 €
./. Privateinlagen	150.000 €
= Gewinn 2012	140.000 €

2.4 System der Einkunftsarten

Für Freiberufler und kleine Gewerbetreibende bietet sich mit der Einnahmen-Überschuss-Rechnung (§ 4 Abs. 3 EStG) eine vereinfachte Gewinnermittlungsmethode an. Sie weist den betrieblichen Gewinn als Differenz der Betriebseinnahmen und -ausgaben aus. Betriebseinnahmen sind durch den Betrieb veranlasst (erwirtschaftet) und können in Geld oder Sachwerten bestehen.

Betriebsausgaben sind Aufwendungen, die durch den Betrieb veranlasst sind (§ 4 Abs. 4 EStG). Eine betriebliche Veranlassung erfordert einen tatsächlichen oder wirtschaftlichen Zusammenhang mit dem Betrieb. Auf die Notwendigkeit oder Zweckmäßigkeit der Aufwendungen kommt es dabei grds. nicht an. Die gewinnmindernde Berücksichtigung einer Reihe von Betriebsausgaben ist durch besondere gesetzliche Regelungen eingeschränkt oder vollständig versagt (§ 4 Abs. 4a, 5, 6 und 7 EStG).

Im Gegensatz zum Bestandsvergleich erfolgt die zeitliche Zuordnung der Geschäftsvorfälle hier nicht nach kaufmännischen Gesichtspunkten, sondern im wesentlichen anhand des Zu- oder Abfließens als Erlangung oder Verlust der wirtschaftlichen Verfügungsmacht über die Betriebseinnahmen und -ausgaben (H 11 EStR). Es gilt grds. das Zufluss- und Abflussprinzip nach § 11 EStG. Es wird das allerdings durch einige spezielle Regelungen zum Umgang mit bestimmten Gegenständen des Anlage- wie auch des Umlaufvermögens durchbrochen (§ 4 Abs. 3 Sätze 3 und 4 EStG).

Einzelne Geschäftsvorfälle sind im Rahmen der Einnahmen-Überschuss-Rechnung besonders zu beachten:

Die vereinnahmte Umsatzsteuer gilt als Betriebseinnahme, während die an Lieferanten gezahlte Vorsteuer oder an das Finanzamt abgeführte Umsatzsteuer zu den Betriebsausgaben gehört.

Gewährte oder erhaltene betriebliche Darlehen stellen keine Betriebsausgaben oder -einnahmen dar. Erhaltene und geleistete Anzahlungen gehören hingegen zu den betrieblichen Einnahmen und Ausgaben. Sachentnahmen oder Entnahmen von Nutzungen und Leistungen sind auch bei der Einnahmen-Überschuss-Rechnung gewinnerhöhend zu berücksichtigen. Die Anschaffungskosten abnutzbarer Anlagegegenstände sind nicht im Zeitpunkt ihrer Bezahlung als Betriebsausgaben anzusetzen, sondern im Wege der Absetzung für Abnutzung (§ 7 EStG) zu verrechnen. Das gilt auch für die Bewertungsfreiheit für geringwertige Wirtschaftsgüter (§ 6 Abs. 2 EStG). Die Anschaffungskosten nicht abnutzbarer Anlagegegenstände (z. B. Grund und Boden, Beteiligungen) führen erst zu dem Zeitpunkt, zu dem sie das Betriebsvermögen verlassen, zu Betriebsausgaben.

Die vergleichsweise einfache Handhabung der Einnahmen-Überschuss-Rechnung zeigt das

Beispiel:
Ein Rechtsanwalt will seinen Gewinn aus selbständiger Arbeit für das Jahr 2012 anhand folgender Angaben ermitteln: Einzahlungen von Mandanten aus Honoraren 450.000 € (incl. Umsatzsteuer); Zahlungen für Gehälter von Mitarbeitern, Mieten und andere Betriebsausgaben von 300.000 € (incl. gezahlter Vorsteuer und an das Finanzamt abgeführter USt). Der

Rechtsanwalt erwarb im April 2012 für seine Kanzlei vier Personalcomputer mit Anschaffungskosten von insgesamt 8.000 €. Ihre Nutzungsdauer beträgt 4 Jahre.

Betriebseinnahmen		450.000 €
./. Betriebsausgaben		
Gehälter, Mieten u. a.	300.000 €	
Abschreibungen au PCs		
(8.000 €/4 × ¾ = 1.500 €)	1.500 €	301.500 €
Gewinn 2007		148.500 €

2.4.2.2 Ermittlung der Überschusseinkünfte

Die Ergebnisse in den Überschusseinkunftsarten werden als Überschuss der Einnahmen über die Werbungskosten ermittelt. Als Einnahmen gelten alle Wertzuflüsse innerhalb einer Überschusseinkunftsart (§ 8 Abs. 1 EStG). Ergänzend dazu ist gesetzlich im Detail festgelegt, was inhaltlich genau unter den einzelnen Überschusseinkunftsarten zu erfassen ist (§§ 19 – 23 EStG).

Das negative Gegenstück zu den Einnahmen sind die Werbungskosten (§ 9 EStG). Darunter sind Aufwendungen zu verstehen, die durch eine auf die Erzielung von Überschusseinkünften gerichtete Tätigkeit veranlasst sind. Notwendig ist ein objektiver Zusammenhang mit der Einnahmeerzielung.

Grundsätzlich sind die Werbungskosten einzeln nachzuweisen. Aus Vereinfachungsgründen gibt es jedoch bei verschiedenen Einkunftsarten pauschale Abzugsbeträge für Werbungskosten (Werbungskosten-Pauschbeträge nach § 9a EStG).

Für die zeitliche Zuordnung von Einnahmen und Werbungskosten gilt auch bei den Überschusseinkünften das Zufluss- und Abflussprinzip (§ 11 EStG). Die Einkunftsermittlung mittels Gegenüberstellung von Einnahmen und Werbungskosten weist damit stärkste Ähnlichkeiten mit der Gewinnermittlung durch Einnahmen-Überschuss-Rechnung auf.

Beispiel:

Ein Arbeitnehmer erhält im Laufe des Kalenderjahrs 2012 Arbeitslohn in Höhe von 50.000 €. An Werbungskosten bei seinen Einkünften aus nichtselbständiger Arbeit fallen berücksichtigungsfähige Aufwendungen von 3.000 € an.

Die Einkünfte aus nichtselbständiger Arbeit (§ 19 EStG) ermitteln sich als Überschuss der Einnahmen über die Werbungskosten (§ 2 Abs. 2 Nr. 2 EStG).

Einnahmen (Arbeitslohn)	50.000 €
./. Werbungskosten	3.000 €
= Überschuss (der Einnahmen über die Werbungskosten) aus nichtselbständiger Arbeit	47.000 €

2.4.3 Darstellung der Einkunftsarten

2.4.3.1 Einkünfte aus Land- und Forstwirtschaft (§§ 13–14 EStG)

Als Land- und Forstwirtschaft (LuF) gilt die planmäßige Nutzung des Bodens zur Erzeugung von Pflanzen und Tieren und die Verwertung der dadurch selbst gewonnenen Erzeugnisse (§ 13 EStG). Gegenüber den Einkünften aus Gewerbebetrieb ergeben sich verschiedene Abgrenzungsprobleme (R 15.5 EStR). Sie entstehen z. B., wenn nicht nur durch eigene Urproduktion gewonnene Erzeugnisse abgesetzt werden, sondern fremde land- und forstwirtschaftliche Erzeugnisse zur Weiterveräußerung zugekauft werden. Beträgt der Einkaufswert des Zukaufs nachhaltig mehr als 30 v. H. des Umsatzes, ist generell von einem selbständigen Gewerbebetrieb hinsichtlich des Handelsgeschäfts auszugehen. Zu den Einkünften aus LuF gehört die Tierzucht nur in einem Umfang, wie er durch eine eigene Futtererzeugung unterlegt werden könnte. Einkünfte aus land- und forstwirtschaftlichen Nebenbetrieben fallen ebenfalls unter diese Einkunftsart.

Zu Einkünften aus LuF werden auch Gewinne aus der Veräußerung oder Verpachtung eines solchen Betriebs oder Teilbetriebs gerechnet (§ 14 EStG).

In weitergehender Vereinfachung gegenüber dem bereits vorgestellten Betriebsvermögensvergleich und der Einnahmen-Überschuss-Rechnung können die Gewinne hier nach Durchschnittssätzen ermittelt werden (§ 13a EStG). Als zusätzliche Vergünstigung wird bei Ermittlung der Einkünfte aus Land- und Forstwirtschaft ggf. ein Freibetrag von 670 € (bei Zusammenveranlagung: 1.340 €) gewährt (§ 13 Abs. 3 EStG).

2.4.3.2 Einkünfte aus Gewerbebetrieb (§§ 15–17 EStG)

Die Einkünfte aus Gewerbebetrieb umfassen die Tätigkeiten der Einzelgewerbetreibenden und Personengesellschaften, die sich als gewerbliche Mitunternehmerschaften darstellen. Zu den typischen gewerblichen Tätigkeiten zählen Handel, Handwerk, Fabrikation und Dienstleistungen, soweit sie nicht zur selbständigen Arbeit zu rechnen sind. Kennzeichen der Gewerblichkeit ist es, dass die Betätigung selbständig, nachhaltig, mit Gewinnerzielungsabsicht und unter Beteiligung am allgemeinen wirtschaftlichen Verkehr ausgeübt wird. Dabei darf es sich weder um die Ausübung von Land- und Forstwirtschaft noch einer selbständigen Arbeit oder eine private Vermögensverwaltung handeln (§ 15 Abs. 2 EStG).

Unter Mitunternehmerschaften sind Personengesellschaften zu verstehen, bei denen die Gesellschafter Einfluss auf die wesentlichen Entscheidungen nehmen können (Unternehmerinitiative) und am Ergebnis sowie den stillen Reserven beteiligt sind (Mitunternehmerrisiko). Typische Vertreter dieser Personenzusammenschlüsse sind die Offene Handelsgesellschaft, Kommanditgesellschaft und Partnerschaftsgesellschaft. Auch bei ihnen müssen die Kriterien der Gewerblichkeit (§ 15 Abs. 2 EStG) gegeben sein, damit in ihnen Einkünfte aus Gewerbebetrieb erzielt werden.

Sobald die Mitunternehmerschaft neben einer anderen Tätigkeit (z. B. selbständige Arbeit) auch eine gewerbliche ausübt, gelten ihre gesamten Einkünfte als solche aus Gewerbebetrieb (Abfärbetheorie nach § 15 Abs. 3 Nr. 1 EStG). Zum gleichen Ergebnis kommt es, wenn an der Mitunternehmerschaft ausschließlich Kapitalgesellschaften als persönlich haftende Gesellschafter beteiligt sind und nur diese oder Nichtgesellschafter zur Geschäftsführung befugt sind, wie das bei der typischen GmbH & Co. KG der Fall ist (§ 15 Abs. 3 Nr. 2 EStG).

Eine Besonderheit bei der Gewinnermittlung von Mitunternehmerschaften ergibt sich aus Rechtsgeschäften zwischen der Personengesellschaft und ihren Gesellschaftern. Obwohl derartige Rechtsbeziehungen zivilrechtlich anerkannt werden, dürfen sie in bestimmten Fällen den steuerlichen Gewinn nicht mindern. So sind als Aufwand gegenüber Mitunternehmern erfasste Sondervergütungen für Tätigkeiten, Darlehenszinsen sowie Mieten und Pachten dem Gewinn der Mitunternehmerschaft wieder hinzuzurechnen (§ 15 Abs. 1 Satz 1 Nr. 2 EStG) und dem jeweiligen Gesellschafter, der sie erhalten hat, zuzuordnen. Ergänzend dazu sind Aufwendungen, die ein Gesellschafter in Zusammenhang mit den o. g. Sondervergütungen persönlich getragen hat, als Sonderbetriebsausgaben zu berücksichtigen. Sie schmälern den Gesamtgewinn der Mitunternehmerschaft und sind dem Gesellschafter, der sie getragen hat, bei der Gewinnermittlung zuzurechnen.

Beispiel:
A und B sind Gesellschafter der gewerblich tätigen A & B OHG. Beide sind am Vermögen der Gesellschaft und am Ergebnis zur Hälfte beteiligt. Der Handelsbilanzgewinn der Gesellschaft beläuft sich zum 31.12.2012 auf 400.000 €. Bei der Gewinnermittlung wurden folgende Aufwendungen gewinnmindernd gebucht:

Vergütung an A für ein von ihm an die A & B OHG vermietetes Grundstück	60.000 €
Darlehenszinsen für ein von B an die A & B OHG gewährtes Darlehen	12.000 €

Mit dem Grundstück in Zusammenhang stehende Kosten in Höhe von 40.000 € wurden von A persönlich getragen.

Aus der Refinanzierung des an die OHG gewährten Darlehens musste B Zinsaufwendungen in Höhe von 8.000 € selbst tragen.

Die steuerliche Gewinnermittlung ist wie folgt vorzunehmen:

	Gesamt	A	B
Handelsbilanzgewinn der OHG	400.000 €	200.000 €	200.000 €
Sondervergütung: Mietaufwand gegenüber A	60.000 €	60.000 €	
Sonderbetriebsausgaben: Grundstücksaufwendungen des A	./. 40.000 €	./. 40.000 €	
Sondervergütung: Zinsen an B	12.000 €		12.000 €
Sonderbetriebsausgaben: Zinsaufwand des B	./. 8.000 €		./. 8.000 €
Steuerlicher Gesamtgewinn	424.000 €	220.000 €	204.000 €

2.4 System der Einkunftsarten

Der steuerliche Gesamtgewinn der A & B OHG beläuft sich auf 424.000 €. Er wird den einzelnen Gesellschaftern zugerechnet und von ihnen versteuert. Gleichzeitig bildet er den Ausgangspunkt für die Ermittlung des Gewerbeertrags.

Personengesellschaften sind nicht selbst einkommensteuerpflichtig. Sie ermitteln zunächst ihren Gewinn und verteilen ihn in einem zweiten Schritt entsprechend den Vereinbarungen des Gesellschaftsvertrags auf die einzelnen Mitunternehmer, bei denen dann die (einkommen)steuerliche Erfassung erfolgt.

Besondere Regelungen bestehen für die Berücksichtigung von Verlusten, sofern die Haftung der Gesellschafter begrenzt ist (§ 15a EStG). Betroffen von der Regelung sind z. B. die Kommanditisten in einer Kommanditgesellschaft, deren Haftung sich auf ihre Einlage beschränkt. Gleichwohl ist ihnen ein auf sie entfallender Verlust vollständig zuzurechnen. Das führt dazu, dass ihr Kapitalkonto ggf. einen negativen Wert annimmt. Hinsichtlich des negativen Betrags sind sie jedoch nicht zum Nachschuss verpflichtet. Es findet lediglich eine Verrechnung mit künftigen Gewinnen statt. Damit fehlt es im Jahr der Verlustentstehung an einer rechtlichen und wirtschaftlichen Belastung des Kommanditisten. Dieser Betrachtungsweise schließt sich das Steuerrecht an.

So unterliegt die Geltendmachung von Verlusten, die beim Kommanditisten zu einem negativen Saldo des Kapitalkontos führen oder ihn erhöhen, gravierenden Einschränkungen. Derartige Verluste sind nur in Höhe des Kapitalkontos des Kommanditisten mit seinen positiven Einkünften ausgleichsfähig. Am Verlustausgleich und -abzug nehmen sie also nur so lange teil, wie das Kapitalkonto nicht negativ wird. Weitergehende Verluste werden den Kommanditisten zwar zugerechnet, wirken sich aber steuerlich nur durch Verrechnung mit künftigen Gewinnen aus derselben Beteiligung aus.

Beispiel:
A, B und C sind als Gesellschafter an der gewerblichen A-KG beteiligt. Auf den Komplementär A entfällt ein Gewinnanteil von 50 v. H., die Kommanditisten B und C sind zu jeweils 25 v. H. am Ergebnis der Gesellschaft beteiligt. Im Geschäftsjahr 2012 entsteht bei der A-KG ein Verlust von 300.000 €. Vor Verteilung des Verlusts wiesen die Kapitalkonten Salden von 50.000 € für A, 100.000 € für B und 25.000 € für C auf.

	A	B	C
Stand der Kapitalkonten vor Verteilung des Verlusts	50.000 €	100.000 €	25.000 €
Verlustanteil 2012	./. 150.000 €	./. 75.000 €	./. 75.000 €
Stand der Kapitalkonten zum 31.12.2012	./. 100.000 €	25.000 €	./. 50.000 €
im Jahr 2012 ausgleichsfähiger Verlust	150.000 €	75.000 €	25.000 €
in künftigen Jahren verrechenbare Verluste	0 €	0 €	50.000 €

A kann den auf ihn entfallenden Verlust im Jahr 2012 mit positiven Einkünften verrechnen oder den Verlustabzug wahrnehmen, da die Begrenzung des § 15a EStG für ihn als Vollhafter nicht anzuwenden ist. Dieselben Möglichkeiten zur Berücksichtigung seines

Verlusts gelten für B, da sein Kapitalkonto nicht negativ wird. Lediglich bei C greift die Begrenzung. Ausgleichsfähig sind bei ihm Verluste von 25.000 €. Damit würde sein Kapitalkonto einen Stand von 0 € annehmen. Den weiteren Verlust von 50.000 € kann er in Folgejahren mit Gewinnen aus seiner Beteiligung an der A-KG verrechnen.

Die Regelungen des § 15a EStG sind auch in anderen Einkunftsarten anzuwenden. Das gilt insbesondere für die Einkünfte aus stiller Beteiligung (§ 20 Abs. 1 Nr. 4 Satz 2 EStG) und aus Vermietung und Verpachtung (§ 21 Abs. 1 Satz 2 EStG).

Zu den Einkünften aus Gewerbebetrieb gehören neben den laufend erwirtschafteten Ergebnissen auch die Gewinne aus der Beendigung der gewerblichen Tätigkeit (§ 16 EStG). Als Beendigungshandlungen zählen die Betriebsveräußerung im Ganzen, Betriebsaufgabe und die Veräußerung von Mitunternehmeranteilen. Bei diesen Aktionen kommt es zur Auflösung der im Betriebsvermögen enthaltenen stillen Reserven einschließlich des Firmenwerts. Die unter Einbeziehung dieser Werte entstehenden Aufgabe- und Veräußerungsgewinne unterliegen ebenfalls der Einkommensteuer.

Für die Besteuerung von Veräußerungs- und Aufgabegewinne bestehen verschiedene steuerliche Vergünstigungen gegenüber den laufenden Gewinnen. Neben einem Freibetrag von max. 45.000 € (§ 16 Abs. 4 EStG) kann es zu einer Entlastung beim anzuwendenden Steuersatz kommen (§ 34 Abs. 1 EStG).

Beispiel:
Der selbständige Apotheker A (65 Jahre alt, verheiratet) will sich zur Ruhe setzen und veräußert seine Apotheke zum 31.12.2011 an den Nachfolger N. Zum Zeitpunkt der Veräußerung weist das Eigenkapitalkonto einen Wert von 210.000 € auf. Betriebliche Verbindlichkeiten bestanden nicht. Im Zuge der Veräußerung entnahm A dem Betriebsvermögen einen PKW, der einen gemeinen Wert von 30.000 € hatte. Der in bar zu entrichtenden Kaufpreis betrug 500.000 €. Für den Verkauf des Unternehmens hatte A Beratungskosten und Maklerhonorare von 20.000 € zu tragen.

Der von A zu versteuernde Veräußerungsgewinn ermittelt sich wie folgt:

Veräußerungspreis		500.000 €
+ gemeiner Wert des entnommenen PKWs		
		30.000 €
Zwischensumme		530.000 €
./. Wert des Betriebsvermögens		210.000 €
./. Veräußerungskosten		20.000 €
= Veräußerungsgewinn		300.000 €
./. davon steuerfrei nach § 16 Abs. 4 EStG	45.000 € ./. (300.000 € ./. 136.000 €)	0 €
= steuerpflichtiger Teil des Veräußerungsgewinns		300.000 €

Ebenfalls zu den Einkünften aus Gewerbebetrieb rechnen Gewinne bzw. Verluste aus der Veräußerung einer wesentlichen Beteiligung an einer KapGes. (Anteil min-

2.4 System der Einkunftsarten

destens 1 v. H.) (§ 17 EStG). Dabei ist zu beachten, dass der Veräußerungspreis i. S. d. § 17 Abs. 2 EStG unter das Teileinkünfteverfahren fällt und zu 40 v. H. steuerfrei bleibt (§ 3 Nr. 40 Buchst. c EStG).

2.4.3.3 Einkünfte aus selbständiger Arbeit (§ 18 EStG)

Zu den Einkünften aus selbständiger Arbeit gehören im Wesentlichen die Einkünfte aus freiberuflichen Tätigkeiten sowie aus sonstiger selbständiger Arbeit. Freiberufliche Tätigkeiten umfassen die selbständig ausgeübte wissenschaftliche, künstlerische, schriftstellerische, unterrichtende oder erziehende Tätigkeit, die Katalogberufe (z. B. Ärzte, Rechtsanwälte, Steuerberater, Architekten, Ingenieure u. a.) sowie diesen ähnlichen Berufe. Die Katalogberufe sind im EStG abschließend aufgeführt, was für die ähnlichen Berufe nicht gilt. Hinweise zur Abgrenzung zwischen Gewerbebetrieb und selbständiger Arbeit sind H 15.6 EStR zu entnehmen.

Probleme treten bei gleichzeitiger Ausübung von freiberuflichen und gewerblichen Tätigkeiten (gemischte Tätigkeiten) auf. Bei Einzelpersonen wird hier nach Möglichkeit eine Trennung beider Tätigkeiten vorgenommen (H 15.6 EStR). Gemischte Tätigkeiten einer Personengesellschaft führen hingegen stets zu Einkünften aus Gewerbebetrieb (§ 15 Abs. 3 Nr. 1 EStG).

Bedeutsam ist die Abgrenzung der Einkunftsarten hinsichtlich der Gewerbesteuer. Ihr unterliegen nur die gewerblichen Einkünfte, nicht aber die aus freiberuflichen Tätigkeiten.

Veräußerungs- und Aufgabegewinne werden bei den Einkünften aus selbständiger Arbeit wie bei denen aus Gewerbebetrieb der Besteuerung unterworfen. Das gilt auch für die dort bestehenden Vergünstigungen (§§ 18 Abs. 3; 34 EStG).

2.4.3.4 Einkünfte aus nichtselbständiger Arbeit (§§ 19, 19a EStG)

Einnahme bei den Einkünften aus nichtselbständiger Arbeit ist der Arbeitslohn, den ein Arbeitnehmer oder sein Rechtsnachfolger (z. B. Witwe) aus einem Dienstverhältnis bezieht (§ 1 LStDV). Ein Dienstverhältnis liegt vor, wenn der Verpflichtete seine Arbeitskraft schuldet und die Tätigkeit abhängig ausübt. Der Arbeitslohn stellt die Vergütung aus einem gegenwärtigen (Gehalt, Lohn, Gratifikationen, Tantieme) oder früheren Dienstverhältnis (Pension, Ruhegeld, Witwen- und Waisengeld) dar.

Zum Arbeitslohn gehören auch die Sachbezüge. Bei ihnen handelt es sich um nicht in Geld bestehende Vorteile, die dem Arbeitnehmer innerhalb des Arbeitsverhältnisses zufließen. Dazu zählen z. B. der verbilligte Erwerb von PKWs durch Mitarbeiter von Automobilherstellern, zinsverbilligte Darlehen von Arbeitgebern an ihre Arbeitnehmer, der begünstigte Verkauf von Aktien an Arbeitnehmer, die unentgeltliche Überlassung eines auch privat nutzbaren Dienstwagens u. a. Keinen Arbeitslohn stellen bloße Aufmerksamkeiten und überwiegend im Interesse des Arbeitgebers erfolgende Aufwendungen dar. Das sind z. B. Geschenke zu üblichen gesellschaftlichen Anlässen bis zu einem Wert von 40 € (R 19.6 LStR) sowie Kosten der innerbetrieblichen Fortbildung.

Unterschiedliche Arten von Arbeitslohn sind darüber hinaus teilweise oder vollständig von der Steuer befreit (§ 3 EStG). Beispielhaft aufgezählt seien Ausgaben des Arbeitgebers für die Zukunftssicherung des Arbeitnehmers (Nr. 62), Trinkgelder (Nr. 51). Steuerbegünstigt sind ferner Zuschläge für Sonntags-, Feiertags- und Nachtarbeit (§ 3b EStG).

Auf die Einkünfte aus nichtselbständiger Arbeit hat der Arbeitgeber grds. den Lohnsteuerabzug vorzunehmen (§§ 38 bis 42f EStG). Das Verfahren ist in seinen wesentlichen Schritten am Ende dieses Abschnitts (2.4.3.4) abgebildet.

Die Lohnsteuer stellt eine besondere Erhebungsform der ESt dar. Sie wird als Quellensteuer unmittelbar an der Quelle der Einkommensentstehung erhoben. Einbehaltene Lohnsteuerbeträge stellen lediglich Vorauszahlungen auf die Jahressteuerschuld dar und werden auf diese angerechnet (§ 36 Abs. 2 Nr. 2 EStG).

Der Arbeitgeber muss die Lohnsteuer für Rechnung des Arbeitnehmers einbehalten und an das Finanzamt abführen. Auf Grundlage des laufenden Arbeitslohns und der Eintragungen auf der Lohnsteuerkarte (Steuerklasse, Anzahl der Kinderfreibeträge) wird die einzubehaltende Lohnsteuer ermittelt. Über die Lohnsteuerklassen (§ 38b EStG) wird die jeweilige Familiensituation zum Ausdruck gebracht. In die Steuerklassen sind die Einkommensteuertarife (Grund- oder Splittingtarif) sowie Frei- und Pauschbeträge eingearbeitet.

Für Ehegatten kommen die Steuerklassenkombinationen IV/IV und III/V in Betracht. Die Kombination IV/IV geht davon aus, dass beide Ehegatten über etwa gleich hohe Arbeitslöhne verfügen. In der Kombination III/V wird eine Verteilung der Arbeitseinkommen im Verhältnis 60 % zu 40 % unterstellt. In der Steuerklasse V kommt es zu besonders hohen Abzügen von Lohnsteuer. Um hier während des Jahres zu einem gerechteren Lohnsteuerabzug zu kommen, wurde ergänzend zu den o. g. Steuerklassenkombinationen ab 2010 das Faktorverfahren (§ 39f EStG) eingeführt. Dazu ermittelt das Finanzamt anhand der erwarteten Jahresarbeitslöhne die sich für die Ehegatten ergebende voraussichtliche Einkommensteuer. Sie wird ins Verhältnis gesetzt zum jeweiligen Lohnsteuerabzug nach der Steuerklasse IV. Der sich dabei ergebende Quotient (Faktor) ist kleiner als 1. Diesen Faktor haben die Arbeitgeber bei Lohnsteuerabzug zu berücksichtigen. Im Ergebnis werden ansonsten gegenüber der Steuerklassenkombination III/V mögliche Steuernachzahlungen vermieden und es erfolgt ein ausgeglichener Lohnsteuerabzug bei den Ehegatten.

Die bisherige Lohnsteuerkarte soll ab dem 1.1.2013 durch ein elektronisches System von Lohnsteuerabzugsmerkmalen ersetzt werden (ELStAM-Verfahren). Die besteuerungsrelevanten Merkmale werden den Arbeitgebern dann über die zentrale ELStAM-Datenbank zur Verfügung gestellt.

An die Stelle einer individuellen Berechnung der Lohnsteuer tritt in unterschiedlichen Fällen deren Pauschalierung. Insbesondere bei kurzfristigen oder geringfügigen Beschäftigungen kann der Arbeitgeber die Lohnsteuer mit Hilfe spezifischer Pauschalsätze berechnen (§ 40a EStG). Gleiches gilt für Zukunftssicherungsaufwendungen des Arbeitnehmers (§ 40b EStG).

Zusätzlich im Einzelfall zu berücksichtigende Freibeträge können auf der Lohnsteuerkarte auf Antrag eingetragen werden, um beim Lohnsteuerabzug Berücksichtigung zu finden (§ 39a EStG).

Typische bei Arbeitnehmern anfallende Werbungskosten sind die Aufwendungen für Fahrten zwischen Wohnung und Arbeitsstätte, Kosten für Arbeitsmittel, Fortbildungskos-

2.4 System der Einkunftsarten

ten (z. B. Kursgebühren, Fachliteratur), Mitgliedsbeiträge für Berufsverbände, Kosten für ein häusliches Arbeitszimmer u. a.

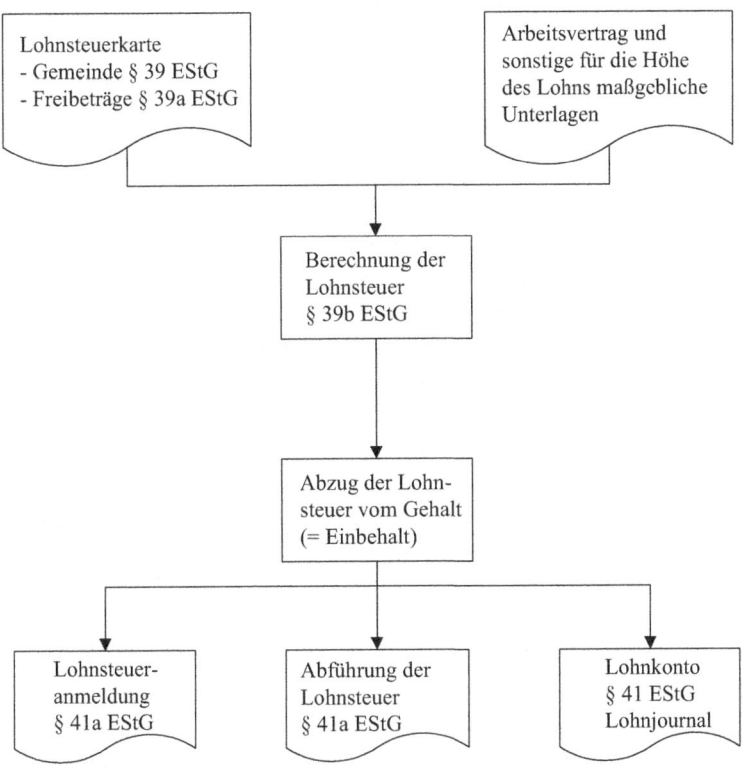

Sofern die Werbungskosten nicht nachgewiesen werden, kommt der Abzug des Arbeitnehmer-Pauschbetrags von 1.000 € pro Jahr (§ 9a Nr. 1 EStG) in Betracht.

2.4.3.5 Einkünfte aus Kapitalvermögen (§ 20 EStG)

Aus der Überlassung privaten Vermögens zur Nutzung resultieren die Einkünfte aus Kapitalvermögen. Der Kreis der in die Besteuerung einbezogenen Anlageerträgnisse ist weit gezogen. Zu den Einnahmen gehören die Zuflüsse aus der Anlage als Eigen- und Fremdkapital. Als häufigste Anlageformen sind die Anteile an Kapitalgesellschaften (Aktien, GmbH-Anteile) mit den aus ihnen fließenden Dividenden zu nennen. Ebenso führt die Vermögensanlage in Investmentfonds, offenen Immobilienfonds oder als typische stille Einlage zu Einkünften aus Kapitalvermögen.

Erträge aus Kapitalanlagen mit Fremdkapitalcharakter sind Zinsen aus festverzinslichen Wertpapieren, Sparguthaben sowie Spar- und Bundesschatzbriefen und verschiedensten anderen Kapitalforderungen.

Ab dem VZ 2009 erfuhr die Besteuerung von Kapitaleinkünften durch die Unternehmensteuerreform 2008 eine völlige Neuordnung. Deutlich ausgeweitet wurde der Kreis der privaten Kapitaleinkünfte. Eingeschlossen sind nunmehr Gewinne aus der Veräußerung von Beteiligungen, die nach dem 31.12.2008 erworben wurden.

Alle wesentlichen Kapitalerträge unterliegen dem Abzug der Kapitalertragsteuer (§ 43 EStG) mit einem Steuersatz von 25 % (§ 43a EStG). Ergänzt um SolZ und ggf. KiSt wird die Effektivbelastung zwischen 26,4 und 27,8 % liegen. Durch Freistellungsauftrag oder Nichtveranlagungs-Bescheinigung lässt sich der Abzug der Kapitalertragsteuer vermeiden (§ 44a EStG).

Hinsichtlich der Einkünfte aus Kapitalvermögen hat sie prinzipiell Abgeltungswirkung (§ 43 Abs. 5 EStG). Nur in Ausnahmefällen kommt es zu einer Einbeziehung der Kapitalerträge in die Einkommensteuerveranlagung. Befinden sich die Kapitalanlagen im Betriebsvermögen eines Personenunternehmens, liegen Gewinneinkünfte vor. Hier hat die einbehaltene Kapitalertragsteuer keine Abgeltungswirkung. Die Gewinnermittlung erfolgt in Anwendung des Teileinkünfteverfahrens (§ 3 Nr. 40 Buchst. a EStG). Es erfasst die Kapitalerträge zu 60 % und lässt einen korrespondierenden Abzug zugehöriger Betriebsausgaben zu.

Werbungskosten dürfen bei Ermittlung der Einkünfte aus Kapitalvermögen nur pauschalierend berücksichtigt werden. Unabhängig von den tatsächlich angefallenen Beträgen sind sie über den Sparer-Pauschbetrag zu berücksichtigen (§ 20 Abs. 9 EStG).

2.4.3.6 Einkünfte aus Vermietung und Verpachtung (§ 21 EStG)

Einkünfte aus Vermietung und Verpachtung werden durch die zeitweise Überlassung von Sachvermögen erzielt. Haupttatbestand ist die Vermietung bzw. Verpachtung von privatem unbeweglichem Vermögen. Das sind im wesentlichen Grundstücke und Gebäude aber auch grundstücksgleiche Rechte (Erbbaurecht, -pachtrecht). Erfasst wird ebenfalls die entgeltliche Einräumung eines Nießbrauchs.

Einnahmen aus der Vermietung oder Verpachtung umfassen die durch Vertrag vereinbarten Miet- oder Pachtzinsen sowie die dem Mieter oder Pächter weiterbelasteten Nebenkosten und Umlagen.

Die häufigsten Werbungskosten des Vermieters sind Abschreibungen auf das Gebäude, Schuldzinsen und andere Finanzierungskosten, Instandhaltungsaufwendungen, Versicherungsprämien sowie öffentliche Abgaben.

Abgrenzungsschwierigkeiten zu den gewerblichen Einkünften ergeben sich bei Umschichtungsentscheidungen im Immobilienbesitz. Hierzu wurde die „3-Objekt-Grenze" von der Rechtsprechung entwickelt. Danach liegt keine Verwaltung eigenen Vermögens, sondern gewerblicher Grundstückshandel vor, wenn innerhalb von fünf Jahren mehr als 3 Objekte erworben und veräußert werden (H 15.7 Abs. 1 EStR).

2.4.3.7 Sonstige Einkünfte (§§ 22, 23 EStG)

Unter den sonstigen Einkünften werden verschiedene, genau bestimmte Sachverhalte erfasst. Dabei handelt es sich um eine abschließende Aufzählung und nicht um eine Generalklausel zur Besteuerung von Einkünften, die unter den ersten sechs Einkunftsarten nicht eingeordnet werden können. Die bedeutendsten hier vorkommenden Einkünfte resultieren aus wiederkehrenden Bezügen (z. B. Altersrenten aus der gesetzlichen Rentenversicherung oder privaten Lebensversicherungen), Unterhaltsleistungen beim geschiedenen ehemaligen Ehepartner (Realsplitting), privaten Veräußerungsgeschäften (Spekulationsgeschäften) und in Zusammenhang mit Leistungen aus Altersvorsorgeverträgen.

Renten der Grund- oder Basisversorgung wie z. B. Altersrenten aus der gesetzlichen Rentenversicherung werden als Leibrenten lediglich eingeschränkt mit einem Besteuerungsanteil besteuert. Der besteuerte Anteil der Jahresbezüge (= Besteuerungsanteil) steigt während der Jahre 2005 bis 2040 von 50 % in jahresweisen Schritten von 2 bzw. 1 Prozentpunkt(en) auf schließlich 100 % an. Damit wird das Konzept einer nachgelagerten Besteuerung von Altersbezügen umgesetzt.

Vom Grundsatz her wären die Ergebnisse aus der Veräußerung von nicht betrieblich genutzten, d. h. privaten Wirtschaftsgütern bei den Überschusseinkünften steuerlich nicht zu erfassen. Eine Ausnahme davon bildet die Besteuerung von Spekulationsgeschäften, bei denen bestimmte Fristen (Spekulationsfristen) zwischen Anschaffung und Veräußerung des Gegenstands nicht überschritten werden. Nach Einführung der Besteuerung von realisierten Kursgewinnen unter den Einkünften aus Kapitalvermögen verbleiben hier im Wesentlichen An- und Verkäufe privater Immobilien. Die Spekulationsfristen betragen bei Grundstücken 10 Jahre und bei anderen Wirtschaftsgütern 1 Jahr.

Unter den sonstigen Einkünften werden außerdem die Leistungen aus Altersvorsorgeverträgen („Riester-Rente") sowie bestimmten anderen Vorsorgesystemen erfasst. In Übereinstimmung mit der Steuerfreistellung der Beiträge während der Ansparphase erfolgt die steuerliche Erfassung der späteren Leistungen während der Auszahlungsphase (Konzept einer nachgelagerten Besteuerung).

2.5 Gesamtbetrag der Einkünfte

2.5.1 Summe der Einkünfte

In einem ersten Schritt werden die Einkünfte in jeder der sieben Einkunftsarten separat ermittelt. Zu bestimmen sind die Einkünfte eines Steuerpflichtigen aus Gewerbebetrieb, nichtselbständiger Arbeit, Vermietung und Verpachtung u. a. Befinden sich in einer Einkunftsart mehrere Objekte, aus denen Einkünfte bezogen werden, ist zunächst für jedes Objekt das Reinergebnis zu ermitteln. Die Zusammenfassung der Objektergebnisse führt dann zum Gesamtergebnis je Einkunftsart, den jeweiligen Einkünften.

Beispiel:
Herr Reich ist Eigentümer von drei Mietshäusern. Alle Gebäude sind fremd vermietet, eine Eigennutzung erfolgt nicht. Während des Jahres 2012 fallen für die Immobilien folgende Einnahmen und Werbungskosten an:

	Gebäude 1 €	Gebäude 2 €	Gebäude 3 €	gesamt €
Einnahmen	50.000	100.000	550.000	
Werbungskosten	20.000	180.000	400.000	
	30.000	./. 80.000	150.000	100.000

Für jede der Immobilien wird deren individuelles Ergebnis als Überschuss (Gebäude 1 und 3) bzw. Verlust (Gebäude 2) ermittelt. Sodann führt die Zusammenfassung der positiven und negativen Teilergebnisse zum Gesamtergebnis der Einkunftsart, hier den Einkünften aus Vermietung und Verpachtung in Höhe von 100.000 €. Die Verrechnung von positiven und negativen Teilergebnissen innerhalb einer Einkunftsart wird als horizontaler oder interner Verlustausgleich bezeichnet. Er ist betraglich unbeschränkt zulässig.

Als Ergebnis in einzelnen Einkunftsarten verbleibende Verluste können grds. mit positiven Einkünften anderer Einkunftsarten ausgeglichen werden (vertikaler oder externer Verlustausgleich). Sofern die Summe der Einkünfte einen negativen Wert annimmt, kommt es zur periodenübergreifenden Berücksichtigung von Verlusten (vgl. Abschn. 2.6).

2.5.2 Altersentlastungsbetrag (§ 24a EStG) und Gesamtbetrag der Einkünfte

Eine altersbezogene steuerliche Erleichterung stellt der Altersentlastungsbetrag dar. Dadurch wird Steuerpflichtigen, die zu Beginn eines Kalenderjahrs das 64. Lebensjahr vollendet haben, ein Abzugsbetrag auf die Summe der Einkünfte gewährt. Er beläuft sich auf 40 v. H. des Arbeitslohns (ohne Versorgungsbezüge) sowie der positiven Summe der übrigen Einkünfte (ohne Leibrenten und Abgeordnetenbezüge). Über eine im Zeitablauf abnehmende Deckelung erfolgt die Anpassung an das Konzept der nachgelagerten Besteuerung.

Der Gesamtbetrag der Einkünfte ist steuerlich von mehrfacher Bedeutung. So bildet er den Maßstab für den Spendenabzug (§ 10b Abs. 1 EStG), die zumutbare Belastung bei den außergewöhnlichen Belastungen (§ 33 Abs. 3 EStG) und ist weiterhin maßgeblich dafür, ob Anspruch auf die Eigenheimzulage bestand (§ 5 EigZulG). Fällt er negativ aus, bildet er das Volumen des Verlustabzugs dar, das als Verlustrücktrag oder -vortrag periodenübergreifend zu berücksichtigen ist.

2.6 Verlustabzug (§ 10d EStG)

Zur Berücksichtigung aufgetretener Verluste bestehen bei der ESt unterschiedliche Möglichkeiten:

2.6 Verlustabzug (§ 10d EStG)

- Verlustausgleich
  - interner (= horizontaler) Verlustausgleich
  - externer (= vertikaler) Verlustausgleich
- Verlustabzug nach § 10d EStG
  - Verlustrücktrag
  - Verlustvortrag

Die innerhalb einer Einkunftsart auftretenden Verluste sind vorrangig mit in derselben Einkunftsart auftretenden positiven Ergebnissen zu verrechnen (interner Verlustausgleich) (vgl. Abschn. 2.5.1). Danach noch nicht ausgeglichene Verluste sind im Rahmen des Verlustabzugs zu berücksichtigen. Im Gegensatz zum Verlustausgleich erfolgt ihre steuerliche Berücksichtigung in einem anderen VAZ als sie entstanden sind. Der Verlustrücktrag setzt sie im Zeitraum vor der Verlustentstehung an. Beim Verlustvortrag werden sie auf zukünftige Veranlagungszeiträume übertragen. Diese Regelungen gelten auch bei Gewerbe- und Körperschaftsteuer.

Der Verlustrücktrag wurde eingeführt, um die Unternehmen in kritischen Situationen mit einer Liquiditätsverbesserung zu unterstützen. Er ist zeitlich auf ein Jahr und betraglich auf 511.500 € (bei Zusammenveranlagung: 1.023.000 €) begrenzt. Im Rahmen eines Wahlrechts kann der Stpfl. auf den Verlustrücktrag verzichten und stattdessen einen entsprechend höheren Verlustvortrag erreichen (§ 10d Abs. 1 Satz 7 EStG). Dieser unterliegt keinen zeitlichen Begrenzungen. Betragliche Begrenzungen ergeben sich allerdings aus dem Konzept der Mindestbesteuerung (§ 10d Abs. 2 EStG). In einem zweistufigen Ansatz können nicht ausgeglichene Verluste bis zu einem Gesamtbetrag von 1.000.000 € (bei Zusammenveranlagung: 2.000.000 €) unbeschränkt abgezogen werden. Der danach verbleibende Gesamtbetrag der Einkünfte darf durch noch nicht berücksichtigte Verluste nur um 60 % gemindert werden. Der Verlustabzug ist unter Berücksichtigung von Sonderausgaben und außergewöhnlichen Belastungen so weit vorzunehmen, dass das zu versteuernde Einkommen im Vortragsjahr auf 0 € abgesenkt wird.

Beispiel:
Die M. Inc. mit Sitz und Ort der Geschäftsleitung in New York gründet in Deutschland die T GmbH. Die T GmbH erwirtschaftet im Jahr ihrer Gründung einen Verlust in Höhe von 10.000 T€. Während der Folgejahre ist von konstanten Gewinnen von 5.000 T€ auszugehen.

	2012 T€	2013 T€	2014 T€	2015 T€
Verlust	10.000			
Gewinn		5.000	5.000	5.000
Verlustvortrag-1		./. 1.000	./. 1.000	./. 1.000
Zwischensumme		4.000	4.000	4.000
Verlustvortrag-2 (60 % der Zwischensumme)		./. 2.400	./. 2.400	./. 2.200
Zu versteuerndes Einkommen		1.600	1.600	1.800
Verbleibender Verlustvortrag		6.600	3.200	0
Ertragsteuern (30 %)		480	480	540

Die Mindestbesteuerung bewirkt, dass in den Jahren 2013 und 2014 bereits Gewinne besteuert werden, obwohl noch ein Verlustvortrag verblieben ist. Bei unbegrenzter Verlustberücksichtigung würden die Steuerzahlungen erst mit dem Jahr 2015 einsetzen. Zwar entstünde über die Jahr 2012 bis 2015 dieselbe Summe an Ertragsteuerbelastungen (1.500 T€), doch führt deren Vorverlagerung infolge der Mindestbesteuerung zu Liquiditäts- und Zinsnachteilen für die T GmbH.

2.7 Sonderausgaben und außergewöhnliche Belastungen

2.7.1 Sonderausgaben

Ohne steuerliche Auswirkungen bleiben regelmäßig sämtliche Aufwendungen, die nicht mit der Erzielung von Einnahmen in Verbindung stehen und damit sachlich nicht den Einkunftsarten zugeordnet werden können (§ 12 EStG). Dieser Grundsatz wird für die Sonderausgaben durchbrochen. Bei ihnen handelt es sich zwar um privat veranlasste Aufwendungen. Gleichwohl werden sie vom Gesetzgeber als so sinnvoll angesehen, dass sie besonders gefördert werden sollen. Das geschieht durch die estl. Berücksichtigung als Sonderausgabe. Für einen begrenzten Kreis von genau präzisierten Aufwendungen ist der Sonderausgabenabzug möglich. Die Berücksichtigung anderer als der genannten Aufwendungen ist nicht zulässig.

Die Sonderausgaben lassen sich nach ihrer Art und der Möglichkeit zur Pauschalierung unterscheiden. Sie können vollständig oder nur begrenzt abzugsfähig sein. Die Zusammenhänge sind in dem nachfolgenden Schaubild verdeutlicht:

2.7 Sonderausgaben und außergewöhnliche Belastungen

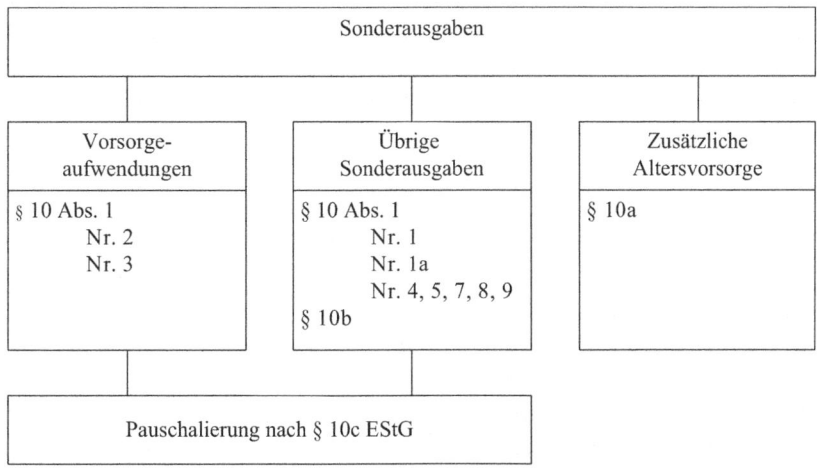

Mit dem Alterseinkünftegesetz wurde ab dem 1.1.2005 auch die steuerliche Berücksichtigung der Vorsorgeaufwendungen neu geregelt. Danach ist für den Abzug als Sonderausgaben strikt zu unterscheiden zwischen Altersvorsorgeaufwendungen (§ 10 Abs. 1 Nr. 2 EStG) und sonstigen Vorsorgeaufwendungen (§ 10 Abs. 1 Nr. 3 EStG). Für beide Kategorien ist der Sonderausgabenabzug betraglich begrenzt. Dabei fallen die maximalen Abzugsbeträge für die Altersvorsorge (§ 10 Abs. 3 EStG) wesentlich höher aus als für die übrigen Vorsorgeaufwendungen (§ 10 Abs. 4 EStG). Über mehrstufige Günstigerprüfungen wird erreicht, dass die Stpfl. durch die gesetzliche Neuregelung der Vorsorgeaufwendungen nicht schlechter gestellt werden als nach der Rechtslage bis zum VAZ 2004.

Durch den Sonderausgabenabzug der Vorsorgeaufwendungen ist die zusätzliche Altersvorsorge im Rahmen der „Riester-Rente" (§ 10a EStG) nicht berührt. Hier kommt weiterhin ein zusätzlicher Sonderausgabenabzug für Beiträge zu speziellen Altersvorsorgeverträgen bzw. eine Altersvorsorgezulage in Betracht.

Unterhaltsleistungen an den geschiedenen oder dauernd getrennt lebenden Ehegatten (= Realsplitting) (§ 10 Abs. 1 Nr. 1 EStG) sind vom Leistenden pro Jahr bis zu 13.805 € als Sonderausgaben abzugsfähig. Beim Empfänger findet dann eine korrespondierende Zurechnung unter den sonstigen Einkünften statt (§ 22 Nr. 1a EStG).

Unbegrenzt abzugsfähig ist die gezahlte Kirchensteuer (§ 10 Abs. 1 Nr. 4 EStG). Erstattungen von Kirchensteuern sind davon abzusetzen.

Als Sonderausgaben berücksichtigungsfähig sind Kinderbetreuungskosten (§ 10 Abs. 1 Nr. 5 EStG). Berücksichtigungsfähig sind zwei Drittel der aufgewendeten Beträge und maximal 4.000 €.

Aufwendungen der eigenen Berufsausbildung können vom Stpfl. bis zu einem Höchstbetrag von 4.000 € als Sonderausgaben berücksichtigt werden (§ 10 Abs. 1 Nr. 7 EStG). Kosten für ein Erststudium oder eine erstmalige Berufsausbildung fallen nunmehr unter das Verbot des Abzugs von Kosten der privaten Lebenshaltung (§ 12 Nr. 5 EStG) und können nur im Rahmen des Sonderausgabenabzugs bis zu 4.000 € pro anno geltend gemacht werden.

Betragliche Abzugsbegrenzungen auf 30 % der tatsächlichen Aufwendungen und maximal 5.000 € bestehen für das Schulgeld an bestimmte Privatschulen (§ 10 Abs. 1 Nr. 9 EStG).

Als Sonderausgaben zu berücksichtigen sind weiterhin Spenden zur Förderung mildtätiger, kirchlicher, religiöser, wissenschaftlicher und besonders förderungswürdiger gemeinnütziger Zwecke (§ 10b Abs. 1 EStG). Die inhaltliche Bestimmung der begünstigten Zwecke ergibt sich aus §§ 51–68 AO. Neben der Zweckerfüllung ist der Spendenabzug an einen entsprechenden Zuwendungsnachweis (§ 50 EStDV) geknüpft. Begrenzungen des Spendenabzugs knüpfen an den Gesamtbetrag der Einkünfte oder die Summe aus Umsatzerlösen, Löhnen und Gehältern an.

Das private Engagement der Bürger soll durch eine erweiterte stl. Förderung von Stiftungen und Stiftern gefördert werden. Neben die allgemeinen Abzugsbeträge für Spenden treten ein ergänzender Abzugsbetrag für Zuwendungen in den Vermögensstock einer Stiftung (max. 1 Mio. €) (§ 10b Abs. 1a EStG) sowie die jahresübergreifende Berücksichtigung von die Höchstbeträge überschreitenden Spenden.

Spenden und Mitgliedsbeiträge an politische Parteien sind zunächst zur Hälfte bis max. 825 € (bei Zusammenveranlagung: 1.650 €) als Steuerermäßigung von der tariflichen Einkommensteuer abzusetzen (§ 34 g EStG). Dabei nicht berücksichtigte Beträge sind bis zu 1.650 € (bei Zusammenveranlagung: 3.300 €) als Sonderausgaben geltend zu machen (§ 10b Abs. 2 EStG).

Wie Betriebsausgaben und Werbungskosten sind Sonderausgaben grds. einzeln nachzuweisen. Aus Vereinfachungsgründen bestehen jedoch eine Pauschalierungsmöglichkeit für Sonderausgaben i. S. von § 10 Abs. 1 Nrn. 1, 1a, 4, 7 und 9 sowie 10b EStG. Der Sonderausgaben-Pauschbetrag beläuft sich auf 36 € (bei Zusammenveranlagung 72 €) (§ 10c 1 EStG).

2.7.2 Außergewöhnliche Belastungen

Den Sonderausgaben vergleichbar, handelt es sich bei den außergewöhnlichen Belastungen um Aufwendungen der privaten Lebensführung. Sie sind estl. zu berücksichtigen, da sie die steuerliche Leistungsfähigkeit der Betroffenen vermindern (subjektives Nettoprinzip). Zu untergliedern sind sie in solche allgemeiner Art (§ 33 EStG) und weitere Gruppen von standardisierten Fällen (§§ 33a und 33b EStG). Voraussetzung zur Abziehbarkeit unter der ersten Gruppe ist es, dass beim Steuerpflichtigen zwangsweise höhere Aufwendungen anfielen als es bei Personen vergleichbarer Einkommens- und Vermögensverhältnisse der Fall ist. Hierunter fallen z. B. Krankheits- oder Ehescheidungskosten sowie Aufwendungen für den Ersatz von Wohnung und Hausrat, die durch Naturkatastrophen zerstört wurden. Bei allen außergewöhnlichen Belastungen allgemeiner Art ist ein Selbstbehalt zu tragen (§ 33 Abs. 3 EStG). Neben dem erhaltenen Ersatz verkürzt er den als außergewöhnliche Belastung geltend zu machenden Betrag.

Beispiel:
Herr Bernhard (verheiratet, 2 Kinder) hat im Jahr 2012 Krankheitskosten von 3.000 € getragen, von denen seine Krankenversicherung 800 € erstattete. Der Gesamtbetrag seiner Einkünfte beläuft sich auf 60.000 €. Als außergewöhnliche Belastung i. S. von § 33 EStG sind abzugsfähig:

	€
tatsächliche, sachlich berücksichtigungsfähige Kosten	3.000
Erstattung durch Krankenversicherung	./. 800
	2.200
zumutbare Belastung 60.000 € × 3 v. H.	./. 1.800
als außergewöhnliche Belastung abzuziehender Betrag	400

Unterhaltsaufwendungen an gesetzlich unterhaltsberechtigte Personen sind als außergewöhnliche Belastungen abziehbar (§ 33a Abs. 1 EStG). Derartige Aufwendungen sind bis zu 8.004 € zu berücksichtigen. Eigene Einkünfte und Bezüge der unterhaltenen Person mindern ggf. die beim Verpflichteten absetzbaren Beträge.

Aufwendungen für die Berufsausbildung eines Kindes stellen bei den Eltern ebenfalls außergewöhnliche Belastungen dar. Unabhängig von den tatsächlich angefallenen Aufwendungen beläuft sich der Ausbildungsfreibetrag auf 924 €. Eigene Einkünfte und Bezüge des Kindes mindern u. U. den Ausbildungsfreibetrag der Eltern.

Pauschale Abzugsbeträge für Behinderte und Pflegepersonen sowie Hinterbliebene (§ 33b EStG) tragen deren besonderer Unterstützungsbedürftigkeit Rechnung.

2.8 Vom Einkommen abziehbare Beträge

Bei der Entwicklung vom Einkommen zum z. v. E. sind verschiedene Abzugsbeträge zu berücksichtigen. Dazu gehört neben den kinderbezogenen Vergünstigungen die Anrechnung der GewSt auf die ESt.

Die grundlegenden Fragen, ob ein Kind überhaupt zu berücksichtigen ist und bei wem das geschieht, sind nach § 32 Abs. 1–4 EStG zu klären. Die steuerlichen Vorteile ergeben sich dann als Kinderfreibetrag (§ 32 Abs. 6 EStG) und Bedarfsfreibetrag (§ 32 Abs. 6 EStG) bzw. als Kindergeld (§§ 62–78 EStG). Bei den Freibeträgen handelt es sich um jahresbezogene Größen. Sie sollen das Existenzminimum eines Kindes sowie den Betreuungs-, Erziehungs- oder Ausbildungsbedarf von der Steuer freistellen. Sie belaufen sich auf 4.368 € (Kinderfreibetrag bei Zusammenveranlagung) und 2.640 € (Bedarfsfreibetrag bei Zusammenveranlagung). Das Kindergeld beträgt monatlich 184 € für das erste und zweite dritte Kind (§ 66 EStG). Im Rahmen der Veranlagung zur ESt wird von Amts wegen überprüft, ob Freibeträge oder Kindergeld für den Steuerpflichtigen günstiger sind. Sofern der Abzug der Freibeträge nach § 32 Abs. 6 EStG zum günstigeren Ergebnis führt, wird das Kindergeld im Zuge der ESt-Veranlagung zurückbelastet (§ 2 Abs. 6 EStG).

2.9 Einkommensteuertarif

Das zu versteuernde Einkommen bildet den Ausgangspunkt der einzelnen Arbeitsschritte, die auf die Ermittlung und Abrechnung der Einkommensteuer abzielen:

	zu versteuerndes Einkommen (= Bemessungsgrundlage)
x	Einkommensteuertarif
=	tarifliche Einkommensteuer
./.	Steuerermäßigungen
+	Steuererhöhungen
=	festzusetzende Einkommensteuer
./.	Anrechnung von Steuerabzügen und Vorauszahlungen (z.B. Lohn- und Kapitalertragsteuer)
=	Abschlusszahlung oder Erstattungsanspruch

Zunächst ist der Einkommensteuertarif auf die Bemessungsgrundlage anzuwenden. Beim Tarif handelt es sich um ein Formelwerk, das für jede Höhe des zu versteuernden Einkommens die darauf entfallende tarifliche Einkommensteuer angibt (§ 32a Abs. 1 EStG). Der Tarif stellt also eine Funktion dar, deren unabhängige Variable das zu versteuernde Einkommen ist, während die Steuerbeträge die abhängige Variable bilden. Dieser Zusammenhang lässt sich durch die Steuerbetragsfunktion beschreiben. Sie zeigt auf der Abszisse die zu versteuernden Einkommen und auf der Ordinate die zugehörigen Steuerbeträge.

Der Grundtarif untergliedert sich in einen steuerfrei bleibenden Grundfreibetrag von 8.004 €, eine daran anschließende Progressionszone (8.005 € bis 52.881 €) und eine in zwei Stufen gegliederte obere Proportionalzone (ab 52.882 €). Innerhalb der Progressionszone steigen der Grenzsteuersätze beginnend bei 13 v. H. zunächst steil auf 30 v. H. (bei einem zu versteuernden Einkommen von 13.469 €) an. Der weitere Anstieg auf 42 v. H. verläuft weniger steil als zuvor. Zu versteuernde Einkommen über 250.730 € unterliegen einem Grenzsteuersatz von 45 v. H. („Reichensteuer").

Eine ökonomische Analyse des Tarifs ist unmittelbar anhand der Betragsfunktion kaum möglich. Die hierbei interessierenden Fragen nach der durchschnittlichen Steuerbelastung des Einkommens und bzw. des steuerlichen Zugriffs auf eine zusätzlich anfallende Einkommenseinheit bedürfen anderer Analyseinstrumente. Sie beantworten sich auf Basis der Durchschnittsteuer- sowie der Grenzsteuerfunktion (vgl. nächstes Diagramm in diesem Abschnitt). Die Durchschnittsteuerfunktion zeigt für jedes zu versteuernde Einkommen

2.9 Einkommensteuertarif

den Quotienten aus einkommensabhängigem Steuerbetrag und zu versteuerndem Einkommen.

Die Grenzsteuerfunktion wird als erste Ableitung der Steuerbelastungsfunktion gebildet. Sie gibt an, wie eine zusätzliche Einheit beim zu versteuernden Einkommen mit Steuern belastet wird.

Durch die Progressionswirkung des Einkommensteuertarifs werden Bezieher höherer Einkünfte exzessiv belastet. So entfiel auf die obersten 5 Prozent der Einkommensbezieher mit einem nach dem Splittingtarif zu versteuernden Einkommen von mehr als 92.750 € ein Anteil von 42 Prozent an dem entsprechenden Aufkommen an Einkommensteuer. Zu einer schleichenden Steuerprogression kommt es weiterhin infolge inflatorischer Entwicklungen. Denn ein bedeutsamer Teil der Einkommenssteigerungen ist nicht durch reale Kaufkraftsteigerungen begründet, sondern lediglich inflationsbedingt. Trotzdem führt der progressive Tarifverlauf zu einer steigenden durchschnittlichen Steuerbelastung.

Bei Ehegatten, die zusammen zur Einkommensteuer veranlagt werden, ist die Steuer nach dem Splittingtarif zu ermitteln (§ 32a Abs. 5 EStG). Er ist aus dem Grundtarif abgeleitet. Die tarifliche Einkommensteuer bestimmt sich hierbei, indem das gemeinsame zu versteuernde Einkommen der Ehegatten ermittelt wird. Sodann wird es durch zwei dividiert und auf das halbierte zu versteuernde Einkommen die tarifliche Einkommensteuer nach dem Grundtarif errechnet. Im letzten Schritt erfolgt dann eine Verdoppelung der zuvor errechneten Steuer. Diese Art der Steuerberechnung bezweckt es, die Progressionswirkung des Einkommensteuertarifs zu dämpfen. Der Splittingtarif wurde aufgrund eines Urteils des BVerfG aus dem Jahre 1957 eingeführt. Bis dahin wurden Ehegatten nach ihrem gemeinsamen zu versteuernden Einkommen besteuert und aufgrund der dadurch eintretenden Steuerprogression höher belastet als zwei unverheiratete Steuerpflichtige. Diese Regelung wurde vom BVerfG als verfassungswidrig eingestuft, da sie die Ehe diskriminierte. Darauf reagierte der Gesetzgeber seinerzeit mit der Einführung des Splittingtarifs. Die durch den Splittingtarif eintretende Steuerentlastung ist am größten, wenn das gesamte Einkommen nur von einem Ehegatten erwirtschaftet wird. Bei gleich hohen Einkommen entsteht kein steuerlicher Vorteil gegenüber der Einzelveranlagung.

Vorrangig gefördert wird damit die Ehe als eine Wirtschaftsgemeinschaft, in der nur ein Ehegatte erwerbstätig ist. Das bedeutet gleichzeitig, dass der andere Ehegatte zeitlich in die Lage versetzt wird, eigene Kinder oder Angehörige intensiver zu betreuen. Dadurch werden der Allgemeinheit Kosten erspart, die sonst etwa für die Bereitstellung von Krippen-, Hort- und Pflegeplätzen anfielen. Diese Privatisierung von Kosten rechtfertigt es, auf einen Teil des Steueranspruchs gegenüber den Ehegatten zu verzichten.

Wegen der teilweise umständlichen Berechnungen der tariflichen Einkommensteuer sind Grund- und Splittingtarif vertafelt. Wie im Bereich der Lohnsteuer werden keine amtlichen Tabellen mehr durch das Bundesministerium der Finanzen bekannt gemacht. An ihre Stelle sind verschiedene Verlagsprodukte getreten.

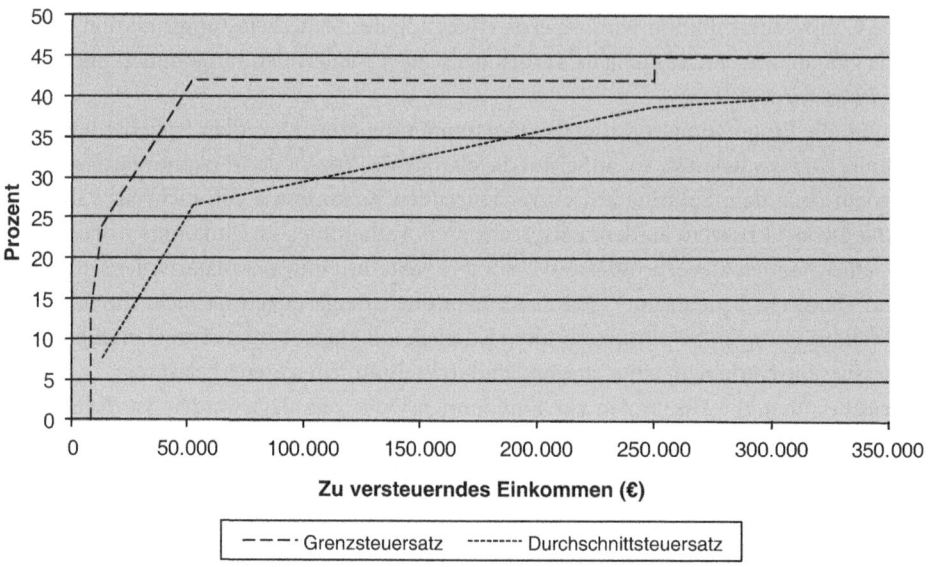

Auf die Berechnung der tariflichen Einkommensteuer wirken sich Steuerbegünstigungen für außerordentliche Einkünfte (§ 34 EStG), die Begünstigung der nicht entnommenen Gewinne bei Personenunternehmen und der Progressionsvorbehalt (§ 32b EStG) aus. Außerordentliche Einkünfte wie z. B. betriebliche Veräußerungsgewinne sind dadurch gekennzeichnet, dass sie in einem Veranlagungszeitraum realisiert werden, obwohl sie das wirtschaftliche Ergebnis einer mehrjährigen Tätigkeit darstellen. Der dadurch auftretende Progressionseffekt wird durch eine Tarifbegünstigung gemildert.

Beispiel:
Ausgehend vom dritten und letzten Beispiel in Abschn. 2.4.3.2 sind für den Apotheker A im Veranlagungszeitraum 2011 folgende Besteuerungsmerkmale zu beachten: Aus dem Betrieb der Apotheke entsteht ein laufender Gewinn von 180.000 €. Sonderausgaben und andere Abzugsbeträge belaufen sich auf 20.000 €. A möchte wissen, mit welcher Einkommensteuerbelastung er für 2011 zu rechnen hat.

2.10 Ermäßigungen und Erhöhungen der Steuer

Seine festzusetzende Einkommensteuer ermittelt sich wie folgt:

Einkünfte aus Gewerbebetrieb		
laufender Gewinn		180.000 €
steuerpflichtiger Veräußerungsgewinn		300.000 €
Summe der Einkünfte		480.000 €
Altersentlastungsbetrag (§ 24a EStG)		./. 1.444 €
Gesamtbetrag der Einkünfte		478.556 €
Sonderausgaben und andere Abzugsbeträge		./. 20.000 €
zu versteuerndes Einkommen		458.556 €
zu versteuerndes Einkommen	458.556 €	
außerordentliche Einkünfte	./. 300.000 €	
verbleibendes zu versteuerndes Einkommen (v. z. v. E.)	158.556 €	
ESt auf 458.556 €	113.636 €	
entsprechend 38,4354 v. H.		
ESt:		
300.000 € × 21,5238 v. H. (ermäßigter Steuersatz § 34 Abs. 3)		
158.556 € nach allgemeinen Tarifvorschriften		64.571 €
		50.248 €
tarifliche ESt für 2011		114.819 €

Abweichend von den allgemeinen Tarifvorschriften wird die tarifliche Einkommensteuer durch den Progressionsvorbehalt anhand eines besonderen Steuersatzes ermittelt (§ 32b EStG). Dadurch soll bei Bezug von steuerfreien Einkünften das Besteuerungsniveau an die Situation angenähert werden, in der diese Einkünfte der Besteuerung unterliegen würden. Typische Anwendungsfälle sind der Bezug von steuerfreiem Arbeitslosengeld, Elterngeld oder nach einem Doppelbesteuerungsabkommen von der Steuer befreite Auslandseinkünfte. Zur Ermittlung des besonderen Steuersatzes wird die tarifliche Einkommensteuer auf ein fiktives Einkommen ermittelt. Es umfasst das z. v. E. zuzüglich der steuerfreien Einkünfte. Der besondere Steuersatz entspricht dem Quotienten aus zuvor ermittelter tariflicher Einkommensteuer und fiktivem Einkommen. Angewendet auf das tatsächliche z. v. E. ergibt sich die (modifizierte) tarifliche Einkommensteuer. Berechnungsbeispiele für den Progressionsvorbehalt bietet H 32b EStR.

2.10 Ermäßigungen und Erhöhungen der Steuer

Verschiedene Ermäßigungen und Erhöhungen entwickeln die tarifliche zur festzusetzenden Einkommensteuer fort. Mit der Anrechnung der GewSt auf die ESt sollen gewstl. Nachteile der Personenunternehmen ausgeglichen werden und der gewerbliche Mittelstand in gewissem Umfang gefördert werden. Dazu dient eine Ermäßigung der tariflichen ESt in Höhe des 3,8-fachen des (anteiligen) GewSt-Messbetrags (§ 35 EStG). Im Rechtsformvergleich in Abschn. 9.2.2 ist eine Anrechnung der GewSt auf die ESt berücksichtigt.

Eine weitere Ermäßigung der Einkommensteuer wird für haushaltsnahe Beschäftigungsverhältnisse und die Inanspruchnahme haushaltsnaher Dienstleistungen und Handwerkerleistungen gewährt (§ 35a EStG). Darin eingeschlossen sind Handwerkerleistungen für Renovierungsarbeiten etc. mit den darin enthaltenen Arbeitskosten.

Weiterhin ermäßigt sich die tarifliche Einkommensteuer bei Zuwendungen an politische Parteien um 50 v. H., höchstens aber 825 € (bei Zusammenveranlagung 1.650 €) der Ausgaben (§ 34 g EStG). Steuermindernd wirkt sich ferner die Anrechnung von ausländischen Steuern auf die deutsche Einkommensteuer aus (§ 34c EStG). Dabei handelt es sich um ein einseitiges nationales Instrument zur Reduzierung der steuerlichen Doppelbelastung von grenzüberschreitenden Aktivitäten.

Erhöhungen der tariflichen Einkommensteuer treten ein, wenn die von Amts wegen durchgeführten Günstigerprüfungen zu dem Ergebnis führen, dass der Sonderausgabenabzug zu einem größeren Vorteil führt als die unmittelbaren Zahlungen. Das gilt im Falle des Kindergelds sowie bei den Altersvorsorgezulage (§ 2 Abs. 6 EStG).

2.11 Veranlagung und Erhebung der ESt

2.11.1 Veranlagung zur Einkommensteuer

Die Einkommensteuer ist eine Jahressteuer. Sie wird aufgrund des zu versteuernden Einkommens eines Veranlagungszeitraums (= Kalenderjahr) durch das Finanzamt ermittelt und festgesetzt (= Veranlagung). Am Ermittlungsverfahren haben die Steuerpflichtigen durch Abgabe der Einkommensteuererklärung mitzuwirken. Danach ermittelt das Finanzamt die besteuerungsrelevanten Verhältnisse und setzt die Steuerschuld durch Steuerbescheid fest. Der Steuerbescheid ist grds. schriftlich zu erteilen (§ 157 AO).

Die Steuererklärungen sind bis zum 31. Mai des Folgejahrs abzugeben (§ 149 Abs. 2 AO). In begründeten Fällen kann eine Fristverlängerung gewährt werden. Örtlich zuständig für die Veranlagung ist das Finanzamt, in dessen Bezirk der Steuerpflichtige seinen Wohnsitz hat.

Formen der Veranlagung sind die Einzelveranlagung sowie die unterschiedlichen Veranlagungsarten für Ehegatten. Das Individualitätsprinzip des EStG bestimmt die Einzelveranlagung als Grundmuster der Veranlagung (§ 25 EStG). Sie findet Anwendung für Ledige und Verheiratete, bei denen die Ehegattenbesteuerung nicht möglich ist. Die Einzelveranlagung erfolgt grundsätzlich unter Anwendung des Grundtarifs.

Eine Ehegattenbesteuerung ist vorzunehmen, wenn eine rechtswirksame Ehe geschlossen wurde, beide Ehegatten unbeschränkt einkommensteuerpflichtig sind, nicht dauernd getrennt leben und diese Merkmale gemeinsam zu mindestens einem Zeitpunkt des Kalenderjahrs vorlagen (§ 26 EStG). Den Ehegatten dürften künftig die Partner einer eingetragenen Lebensgemeinschaft gleichzustellen sein. Sofern die Ehegatten keine abweichende Entscheidung treffen, wird eine Zusammenveranlagung (§ 26b EStG) durchgeführt. Dabei werden die Einkünfte der Ehegatten getrennt ermittelt und erst im Gesamtbetrag der Einkünfte zu einer Summe zusammengefasst. Bei den anschließenden Ermittlungsschritten bilden die Ehegatten eine Einheit. Für die Berücksichtigung der Abzugsbeträge ist es unerheblich, in wessen Person sie entstanden sind. Aufgrund ihres zu versteuernden Einkommens wird für beide Ehegatten eine gemeinsame Einkommensteuer nach dem Splittingtarif festgesetzt. Ihre Bekanntgabe erfolgt durch zusammengefassten Bescheid.

Die getrennte Veranlagung der Ehegatten (§ 26a EStG) entspricht inhaltlich weitgehend einer Einzelveranlagung. Sie ist stets mit dem Grundtarif verbunden. In der ganz überwiegenden Anzahl der Fälle führt die Zusammenveranlagung zu einer geringeren Steuerbelastung als eine getrennte Veranlagung.

2.11.2 Erhebung der Einkommensteuer

Mit der Entrichtung der Einkommensteuer soll nicht bis nach dem Ende des Veranlagungszeitraums gewartet werden. Während des laufenden Jahres wird sie deshalb durch Vorauszahlungen und im Abzugsverfahren erhoben. Die Einkommensteuer-Vorauszahlungen richten sich nach den Ergebnissen der letzten Veranlagung (§ 37 EStG) und werden in einem Vorauszahlungsbescheid festgesetzt. Sie sind quartalsweise am 10.3., 10.6., 10.9. und 10.12. eines Jahres zu entrichten.

Im Abzugsverfahren wird die Einkommensteuer beim Arbeitslohn und bei Kapitalerträgen erhoben.

2.12 Zuschlagsteuern zur ESt

Die Einkommensteuer bildet die Bemessungsgrundlage für zwei Zuschlagsteuern. So wird ab dem Veranlagungszeitraum 1995 ein Solidaritätszuschlag als Ergänzungsabgabe zur Einkommensteuer erhoben. Der Steuersatz beträgt 5,5 % (ab VZ 1998). Er ist auf die festzusetzende Einkommensteuer zu beziehen, die speziell für diesen Zweck unter Berücksichtigung der Freibeträge nach § 32 Abs. 6 EStG zu ermitteln ist (§ 51a Abs. 2 EStG). Bei Geringverdienern fällt der Solidaritätszuschlag durch Begrenzungsregelungen niedriger aus (§ 4 SolZG).

Kirchensteuern erheben die als Körperschaften des öffentlichen Rechts anerkannten Kirchen und Religionsgemeinschaften auf der Grundlage von Landeskirchensteuergesetzen und Kirchensteuerordnungen. Die Kirchensteuer-Hebesätze unterscheiden sich für die einzelnen Bundesländer. Sie betragen 8 v. H. oder 9 v. H. und sind auf die (modifizierte) festzusetzende Einkommensteuer anzuwenden.

2.13 Hinweise zur Bearbeitung von Fällen und Klausuren zur ESt

Zunächst ist die persönliche Steuerpflicht zu klären, da sie u. a. bestimmend für den Umfang der sachlichen Steuerpflicht ist.

Anschließend werden Veranlagungsform und anzuwendender Tarif bestimmt. An dieser Stelle ist es außerdem sinnvoll, eine Aussage über die Berücksichtigung von Kindern zu treffen (§ 32 EStG). Daraus ergeben sich Auswirkungen bei den Freibeträgen nach § 32 Abs. 6 EStG sowie Ausbildungsfreibetrag und Entlastungsbetrag für Alleinerziehende.

Die anschließende Ermittlung des zu versteuernden Einkommens beginnt mit der Zuordnung der im Sachverhalt vorkommenden Betriebseinnahmen und -ausgaben bzw. Einnahmen und Werbungskosten zu den einschlägigen Einkunftsarten. Dabei ist die Unterscheidung von Haupt- und Nebeneinkunftsarten zu beachten. Die Arbeiten werden entsprechend der Reihenfolge der Einkunftsarten nach § 2 Abs. 1 EStG durchgeführt. Bei der folgenden Ermittlung der Ergebnisse in den einzelnen Einkunftsarten ist zunächst die Technik der Einkunftsermittlung festzulegen. Für Gewinneinkunftsarten ist anzugeben, wie der Gewinn ermittelt wird. Bei der Einkunftsermittlung dürfen die Besonderheiten der einzelnen Einkunftsarten nicht außer Acht gelassen werden. Ein rasches Durchlesen der einschlägigen gesetzlichen Normen trägt zur Vollständigkeit der Bearbeitung bei. Für die Einkünfte aus Gewerbebetrieb als der bedeutsamsten betrieblichen Einkunftsart ist auf die Unterscheidung zwischen der Besteuerung laufender Ergebnisse und solcher aus der Beendigung der gewerblichen Tätigkeit zu achten. Als problembehaftet gilt die Ergebnisermittlung bei Mitunternehmerschaften. Des Weiteren kommt hier die Beschränkung in der Berücksichtigung von Verlusten nach § 15a EStG zum Tragen. Zur Besteuerung von Veräußerungsgewinnen nach §§ 16, 17 EStG sind die Begünstigungen durch Freibetrag (§ 16 Abs. 4 EStG) und Ermäßigung im Steuersatz (§ 34 EStG) in die Lösung einzubeziehen.

In Zusammenfassung der Ergebnisse aus den sieben Einkunftsarten wird die Summe der Einkünfte errechnet. An dieser Stelle sind in den Einkunftsarten verbliebene Verluste soweit wie möglich im externen Verlustausgleich zu berücksichtigen.

Unter Berücksichtigung des Altersentlastungsbetrags (§ 24a EStG) und Entlastungsbetrag für Alleinerziehende (§ 24b EStG) ergibt sich der Gesamtbetrag der Einkünfte.

Bei den Sonderausgaben sind die Vorsorgeaufwendungen von den übrigen Sonderausgaben zu unterscheiden. Verschiedene Höchstbeträge für ihre Geltendmachung sowie ein Pauschalbetrag (§ 10c EStG) erfordern diese Trennung.

Von den außergewöhnlichen Belastungen sind zuerst die typisierenden Fälle (§§ 33a und 33b EStG) zu prüfen. Erst nachrangig kommt eine Subsumtion unter den allgemeinen außergewöhnlichen Belastungen (§ 33 EStG) in Betracht.

Freibeträge nach § 32 Abs. 6 EStG und Haushaltsfreibetrag führen abschließend zur Zielgröße des zu versteuernden Einkommens.

Sofern die Aufgabenstellung über die Ermittlung des zu versteuernden Einkommens hinausgeht, wurde bereits der anzuwendende Tarif bestimmt, nach dem sich jetzt die tarifliche Einkommensteuer, ggf. unter Berücksichtigung der Begünstigung für außerordentliche

Einkünfte (§ 34 EStG) und des Progressionsvorbehalt (§ 32b EStG,) errechnet. Steuerentlastungen aus Parteispenden (§ 34 g EStG), der Anrechnung von GewSt (§ 35 EStG), Aufwendungen für haushaltsnahe Beschäftigungsverhältnisse etc. (§ 35a EStG) und die Korrektur für erhaltenes Kindergeld bei Geltendmachung von Freibeträgen nach § 32 Abs. 6 EStG und Altersvorsorgezulage ergeben abschließend die festzusetzende Einkommensteuer.

2.14 Musterfälle mit Lösungshinweisen

Musterfall 1

1. Sachverhalt

Cornelia Schoenberg (geboren am 5.1.1970) und ihr Ehemann Dr. Theodor Schoenberg (geboren am 28.9.1972) leben zusammen mit ihren beiden Kindern in Mainz. Ihr Sohn wurde am 5.1.1999 geboren, die Tochter am 23.2.2001. Beide Kinder gehen in Mainz zur Schule. Die Ehegatten Schoenberg gehören keiner Religionsgemeinschaft an.

Frau Schoenberg betreibt zwei selbständige Einzelhandelsbetriebe für Reformwaren („Reformhäuser") in Mainz und Bad Kreuznach. Für den Betrieb in Mainz wurde für das Geschäftsjahr 2012 (= Kalenderjahr) ein Gewinn von 100.000 € ermittelt. Der neu gegründete Betrieb in Bad Kreuznach hatte hohe Anlaufaufwendungen (z. B. für Werbung) zu tragen und erwirtschaftete im Jahr 2012 einen Verlust von 70.000 €.

Herr Dr. Schoenberg ist Lehrer für alte Sprachen (Altgriechisch und Latein) an einem städtischen Gymnasium in Mainz. Er ist dort im Beamtenverhältnis beschäftigt. Sein Bruttogehalt beläuft sich im Jahr 2012 auf 60.000 €.

Neben seiner Tätigkeit als Gymnasiallehrer hat Herr Dr. Schoenberg freiwillig einen Lehrauftrag an der Johannes Gutenberg Universität, Mainz, übernommen. Er hält dort lateinische Sprachkurse für Studierende der Geschichte und Theologie ab. Die Lehrbeauftragten stehen in keinem Dienstverhältnis zur Universität. Im Jahr 2012 erzielt er aus den Lehraufträgen Honorareinnahmen von 2.500 €.

Aufgrund einer Erbschaft verfügt Frau Schoenberg über ein größeres in Aktien angelegtes Vermögen. Die Wertpapiere hält sie in Girosammelverwahrung bei der Wild-West Bank AG, Heide. Das kontoführende Kreditinstitut schreibt ihr im Jahr 2012 aus Dividendenzahlungen inländischer Aktiengesellschaften Beträge von insgesamt 10.000 € gut. Einen Freistellungsauftrag hatten die Eheleute Dr. Schoenberg dem Kreditinstitut i. H. v. 1.602 € erteilt. Die zugehörigen Werbungskosten beliefen sich auf 400 €.

Abzugsfähige Vorsorgeaufwendungen machen die Eheleute Schoenberg für das Jahr 2012 in Höhe von 22.000 € geltend.

Aus Sorge über die zunehmende Verbreitung von Anglizismen in der deutschen Sprache ist Herr Dr. Schoenberg dem VDS Verein Deutsche Sprache e.V. beigetreten. Der Verein ist vom Finanzamt Dortmund-Hörde als gemeinnützig anerkannt. Im Dezember 2012 zog der Verein den Jahresbeitrag in Höhe von 100 € per Lastschrift vom Girokonto Dr. Schoenbergs ein.

2. Aufgaben

Für die Ehegatten Dr. Theodor und Cornelia Schoenberg sind den Veranlagungszeitraum 2012 betreffend zu ermitteln:

1. das zu versteuernde Einkommen,
2. die tarifliche Einkommensteuer und
3. die festzusetzende Einkommensteuer.

Die Lösungen sind mit einem kurzen Hinweis auf die einschlägigen Rechtsnormen zu begründen. Aus Vereinfachungsgründen sind die Auswirkungen des SolZG außer Acht zu lassen. Erforderliche Bescheinigungen gelten als erteilt.

3. Lösungshinweise

Aufgrund ihres Wohnsitzes in Mainz sind die Eheleute Dr. Schoenberg unbeschränkt einkommensteuerpflichtig. Ihre beiden leiblichen Kinder sind bei ihnen steuerlich zu berücksichtigen, da sie jeweils das 18. Lebensjahr noch nicht vollendet haben. Den Eheleuten stehen für beide Kinder die Freibeträge nach § 32 Abs. 6 EStG zu. Es findet eine Zusammenveranlagung zur Einkommensteuer statt. Zur Anwendung kommt der Splitting-Tarif.

	Stpfl. €	Ehegatte €
Gewinn aus Gewerbebetrieb		
Gewinn Betrieb Mainz		100.000
Verlust Betrieb Bad Kreuznach		./. 70.000
		30.000
Gewinn aus selbständiger Arbeit		
Betriebseinnahmen Lehrauftrag	2.500	
Freibetrag nach § 3 Nr. 26 EStG	./. 2.100	
	400	
Überschuss nichtselbständige Arbeit	60.000	
Werbungskosten § 9a Nr. 1 Buchst. a EStG	./. 1.000	
	59.400	

Überschuss Kapitalvermögen

Die Dividendenerträge unterliegen dem Abzug der KapESt. Ihr kommt im gegebenen Fall Abgeltungswirkung zu. Deshalb erfolgt keine Einbeziehung der Dividenden bei der Ermittlung des z. v. E.

2.14 Musterfälle mit Lösungshinweisen

Übertrag:	59.400	30.000
gemeinsame Summe = Gesamtbetrag der Einkünfte		89.400
Vorsorgeaufwendungen lt. Sachverhalt		./. 22.000
Spende § 10b Abs. 1 EStG		./. 100
Einkommen		67.300
Freibeträge für 2 Kinder § 32 Abs. 6 EStG		./. 14.016
Zu versteuerndes Einkommen		53.284
Tarifliche Einkommensteuer auf 53.284 € (Splittingtarif)		9.184
Kindergeld für 2 Kinder (§ 2 Abs. 6 EStG)		4.416
Festzusetzende Einkommensteuer 2012		13.600
Tarifliche Einkommensteuer auf 67.300 € (Splittingtarif)		13.612
Finanzielle Belastung bei Kinderfreibeträgen (4.416 €./. 13.600 €)		9.184
Finanzielle Belastung ohne Kinderfreibeträge (4.416 €./. 13.612 €)		9.196

Die Günstigerprüfung zeigt, dass der Ansatz der Kinderfreibeträge für die Eheleute Dr. Schoenberg finanziell vorteilhaft ist.

Musterfall 2

1. Sachverhalt

Michael Klang (48 Jahre alt) und seine Frau Franziska (45 Jahre alt) sind seit 23 Jahren verheiratet und leben zusammen in Lübeck. Michael und Franziska Klang haben zwei gemeinsame Kinder. Ihr Sohn Tobias (15 Jahre alt) besucht das städtische Gymnasium. Die Tochter Ursula (22 Jahre) studiert an der RWTH Aachen Physik. Während des Semesters bewohnt sie ein Zimmer in der Nähe der Hochschule. Soweit sie keine Fernreisen unternimmt, verbringt sie die Semesterferien bei den Eltern in Lübeck oder im Wochenendhaus der Familie am Westensee.

Herr Klang ist als erster Geiger im Symphonieorchester der Hansestadt Lübeck angestellt. Er bekleidet dort die Stelle eines Konzertmeisters. Aus dieser Tätigkeit bezieht er im Jahr 2012 ein Gehalt von 52.000 €. Für die Beschaffung von Noten und Fachliteratur entstehen ihm Kosten von 2.500 €.

Aufgrund seines musikalischen Könnens ist Herr Klang auch ein gefragter Studiomusiker. So wirkte er an der Einspielung zahlreicher CDs mit Kinder- und Weihnachtsliedern mit. Dafür erhielt er während des Jahres 2012 Honorare von insgesamt 30.000 €. Wegen seines pädagogischen Talents erteilt Herr Klang einigen ausgewählten Schülern Violinenunterricht. Daraus erzielt er im Laufe des Jahres 2012 Einnahmen in Höhe von 6.000 €.

Frau Klang ist Literaturwissenschaftlerin und für einen kleinen Verlag als Lektorin tätig. Sie bezieht aus dieser Tätigkeit im Jahr 2012 ein Gehalt von 30.000 €.

Da beide Ehegatten Klang umfangreichen und zeitaufwendigen Erwerbstätigkeiten nachgehen, verbleibt ihnen nur wenig Zeit für die Führung des Haushalts. Deshalb haben sie mit der Homepower GmbH, Niederlassung Lübeck, einen Rahmenvertrag abgeschlossen. Aufgrund dieser Vereinbarung stellt ihnen die Homepower GmbH entsprechend dem anfallenden Arbeitsvolumen eine Fachkraft zur Erledigung von hauswirtschaftlichen Arbeiten (Reinigung der Räume, Waschen und Bügeln) zur Verfügung. Die Fachkraft ist bei der Homepower GmbH sozialversicherungspflichtig beschäftigt. Aufgrund der in Anspruch genommenen Arbeitszeit haben die Eheleute Klang im Jahr 2011 an die Homepower GmbH Entgelte in Höhe von 4.000 € entrichtet.

Der Höhe nach abzugsfähige Sonderausgaben machen die Eheleute Klang für das Jahr 2012 in einem Gesamtbetrag von 15.000 € geltend.

Um sich einen Teil ihres Lebensunterhalts selbst zu erarbeiten und ihre Eltern nicht unnötig zu belasten, jobbt Ursula Klang seit mehreren Jahren während der Sommerferien in der Organisation des Schleswig-Holstein Musikfestivals. Sie bezieht für ihren Einsatz im Sommer 2012 ein Gehalt von 2.000 €.

2. Aufgaben

Für die Eheleute Klang sind betr. den Veranlagungszeitraum 2012 zu ermitteln:

1. das zu versteuernde Einkommen,
2. die tarifliche Einkommensteuer,
3. die festzusetzende Einkommensteuer.

Die Lösungen sind mit einem kurzen Hinweis auf die einschlägigen Rechtsnormen zu begründen. Aus Vereinfachungsgründen sind die Auswirkungen des SolZG außer Acht zu lassen. Erforderliche Anträge gelten als gestellt und notwendige Bescheinigungen als erteilt.

3. Lösungshinweise

Aufgrund ihres Wohnsitzes in Lübeck sind die Eheleute Klang unbeschränkt einkommensteuerpflichtig. Ihre beiden leiblichen Kinder sind bei ihnen steuerlich zu berücksichtigen. Der Sohn hat das 18. Lebensjahr noch nicht vollendet, die Tochter befindet sich in einer Ausbildung und hat das 25. Lebensjahr noch nicht vollendet. Den Eheleuten stehen für beide Kinder die Freibeträge nach § 32 Abs. 6 EStG zu. Für die Tochter kommt Ansatz des Ausbildungsfreibetrags nach § 33a Abs. 2 EStG in Betracht. Es findet eine Zusammenveranlagung zur Einkommensteuer statt. Zur Anwendung kommt der Splitting-Tarif

	Stpfl. €	Ehegatte €
Gewinn aus selbständiger Arbeit § 18 Abs. 1 Satz 1 Nr. 1 EStG		
Betriebseinnahmen Studiomusik	30.000	
Betriebseinnahmen Violinenunterricht	6.000	
	36.000	
Überschuss nichtselbständige Arbeit § 19 EStG		
Gehalt als Konzertmeister	52.000	
Werbungskosten § 9 Abs. 1 EStG	./. 2.500	
	49.500	
Gehalt		30.000
Arbeitnehmer-Pauschbetrag § 9a Nr. 1 EStG		./. 1.000
Summe der Einkünfte	85.500	29.000
Einheitliche Summe und Gesamtbetrag der Einkünfte		114.500
Abzugsfähige Sonderausgaben		./. 15.000
Ausbildungsfreibetrag Tochter Maximal	€ 924	
Kürzung wegen eigener Einkünfte und Bezüge der Tochter 2.000 €./. 1.000 € = 1.000 €./. 1.848 €	0	
	924	./. 924
Einkommen		98.576
Freibeträge für 2 Kinder § 32 Abs. 6 EStG (7.008 € × 2)		./. 14.016
Zu versteuerndes Einkommen		84.560
Tarifliche Einkommensteuer auf 84.560 € (Splittingtarif)		19.684
Kindergeld für 2 Kinder § 2 Abs. 6 Satz 3 EStG (2.208 × 2)		4.416
Haushaltsnahe Dienstleistungen Homepower § 35a Abs. 2 EStG (4.000 € × 20 %)		./. 800
Festzusetzende Einkommensteuer		23.300

Literaturhinweise zu Kapitel 2

Gehling, A. u. a.: „Steuerrecht I", München 2009

Zimmermann, R.; Reyher, U.; Janetzko, A.: „Einkommensteuer" 19. Auflage, Stuttgart 2011

Körperschaftsteuer 3

3.1 Charakterisierung der KSt

Von der KSt werden die Einkommen juristischer Personen sowie bestimmter anderer Personenvereinigungen und Vermögensmassen erfasst. Darunter fallen als wichtigste Vertreter des Wirtschaftslebens die Kapitalgesellschaften (AG, GmbH). Als Personensteuer kann die KSt nicht als Betriebsausgabe abgezogen werden (§ 10 Nr. 2 KStG). Systematisch ordnet sie sich als direkte Steuer ein, die verwaltungstechnisch zu den Besitzsteuern zählt und durch Veranlagung erhoben wird. Die Gesetzgebungshoheit über die KSt liegt beim Bund. Gesetzesänderungen bedürfen der Zustimmung des Bundesrats.

Den rechtlichen Rahmen der KSt bilden das KStG nebst Durchführungsverordnung und die sie ergänzenden KSt-Richtlinien. Daneben sind vor allem bei der Gewinnermittlung verschiedene Vorschriften des EStG von Bedeutung.

Im internationalen Vergleich existieren ganz unterschiedliche KSt-Systeme. Auch in der Europäischen Union ist es bisher nicht zur Harmonisierung der KSt gekommen.

3.2 Steuerpflicht

3.2.1 Persönliche Steuerpflicht

Wie die ESt unterscheidet die KSt zwischen unbeschränkter und beschränkter persönlicher Steuerpflicht. Der unbeschränkten KSt-Pflicht unterliegen Kapitalgesellschaften mit Geschäftsleitung oder Sitz im Inland (§ 1 KStG). Aufgrund der Rechtsprechung des EuGH ist es nunmehr für im Ausland gegründete Gesellschaften möglich, eine Sitzverlagerung nach Deutschland vorzunehmen und ihre aus dem Ursprungsrecht abgeleitete Organisations-, Finanz- und Haftungsverfassung beizubehalten. Damit unterliegen die englische Private Limited Company oder Public Limited Company wie auch die niederländische Besloten

Vennootschap met beperkte aansprakelijkheid oder Naamloze Vennootschap ggf. der unbeschränkten Körperschaftsteuerpflicht.

Die Geschäftsleitung befindet sich an dem Ort, wo die leitenden Personen die für die Kapitalgesellschaft wesentlichen Entscheidungen treffen (§ 10 AO). Der Ort des Sitzes wird im Gesellschaftsvertrag festgelegt (§ 11 AO). Konsequenz der unbeschränkten Steuerpflicht ist die vollständige steuerliche Erfassung sämtlicher in- und ausländischer Einkünfte (§ 1 Abs. 2 KStG). Es gilt wie bei der ESt das Welteinkommensprinzip.

Der beschränkten KSt-Pflicht (§ 2 KStG) unterliegen im Wesentlichen Kapitalgesellschaften, bei denen sich Ort der Geschäftsleitung und Sitz nicht im Inland befinden, die aber inländische Einkünfte beziehen. Dabei handelt es sich also um ausländische Körperschaften mit wirtschaftlichen Aktivitäten in Deutschland. Unterhält z. B. eine US-amerikanische Bank in der Rechtsform einer Corporation in Frankfurt am Main eine Niederlassung, so unterliegt sie mit dem Gewinn bzw. Verlust der Niederlassung der deutschen KSt.

Verschiedene Befreiungsvorschriften (§ 5 KStG) entbinden eine Vielzahl von Körperschaften von der persönlichen KSt-Pflicht. Davon betroffen sind neben zahlreichen öffentlichen Unternehmen u. a. die gemeinnützigen Kapitalgesellschaften sowie betriebliche Pensionskassen.

3.2.2 Bemessungsgrundlage der Körperschaftsteuer

Der KSt unterliegt das zu versteuernde Einkommen (§ 7 KStG). Für seine Ermittlung sind die Vorschriften des EStG heranzuziehen, die um körperschaftsteuerliche Regelungen ergänzt werden (§ 8 Abs. 1 KStG). Dabei ist im Einzelnen festgelegt, welche estl. Vorschriften anzuwenden sind (R 32 Abs. 1 KStR).

Im Anwendungsbereich der KSt kommen grundsätzlich alle Einkunftsarten in Betracht. Bei KapGes gilt jedoch die Ausnahme, dass sie der Art nach ausschließlich Einkünfte aus Gewerbebetrieb beziehen können (§ 8 Abs. 2 KStG). Die Einkommensermittlung vollzieht sich in mehreren Stufen und ist an estl. Vorstellungen orientiert (R 29 Abs. 1 KStR).

3.2 Steuerpflicht

	Jahresüberschuss bzw. -fehlbetrag lt. Handelsbilanz
+ ./.	Korrekturen zur Anpassung der Handels- an die Steuerbilanz (§ 60 EStDV)
+	nichtabziehbare Betriebsausgaben (§§ 3c, 4 Abs. 5 – 7 EStG, § 160 AO)
+	sämtliche Spenden
./.	steuerfreie Betriebseinnahmen
+	verdeckte Gewinnausschüttungen (§§ 8 Abs. 3; 8a KStG)
./.	verdeckte Einlagen
./.	abziehbare Spenden (§ 9 Abs. 1 Nr. 2 KStG)
+	nichtabziehbare Aufwendungen nach § 10 KStG
./.	Erstattung nichtabziehbarer Aufwendungen
	Zwischensumme
+ / ./.	Gewinnabführungen ./. Verlustübernahmen aufgrund eines Organschaftsverhältnisses
+ / ./.	zuzurechnendes Einkommen von Organgesellschaften
=	Einkünfte aus Gewerbebetrieb (Gewinn bzw. Verlust aus Gewerbebetrieb). Hierbei handelt es sich für Kapitalgesellschaften um die regelmäßige Ausgangsgröße zur Berechnung des Gewerbeertrags (vgl. Abschn. 4.3.2).
=	Gesamtbetrag der Einkünfte
./.	Verlustabzug nach § 10d EStG
=	Einkommen = zu versteuerndes Einkommen (z.v.E.)

Auszugehen ist bei den Berechnungen vom Jahresergebnis der Handelsbilanz, die von allen Kapitalgesellschaften aufgrund ihrer Buchführungspflicht aufzustellen ist. Abweichungen gegenüber den steuerlichen Ansatz- und Bewertungsvorschriften sind zu bereinigen, falls keine gesonderte Steuerbilanz aufgestellt wurde (§ 60 EStDV). Als Aufwand gebuchte Betriebsausgaben, die einem estl. Abzugsverbot unterliegen, müssen für Zwecke der KSt außerhalb der Bilanz wieder hinzugerechnet werden. Im Jahresergebnis enthaltene steuerfreie Einnahmen wie z. B. erhaltene Investitionszulagen oder Gewinnausschüttungen zwischen Kapitalgesellschaften (§ 8b Abs. 1 KStG) dürfen das z.v.E. nicht erhöhen. Der kstl. Spendenabzug folgt weitgehend den estl. Regelungen. Das bezieht sich auf die Spendenzweck wie auf die Höchstbeträge. Lediglich Parteispenden können von Kapitalgesellschaften nicht gewinnmindernd geltend gemacht werden.

Besondere Vorschriften des KStG zur Einkommensermittlung erfordern weitere Korrekturen. Sie beziehen sich auf die aus dem Gesellschaftsverhältnis resultierenden verdeckten Gewinnausschüttungen (vGA) und verdeckte Einlagen. Eine vGA stellt sich als Vermögensminderung oder unterlassene Vermögensmehrung bei der KapGes dar, die durch das Gesellschaftsverhältnis veranlasst ist, sich auf die Höhe des Einkommens auswirkt und nicht mit einer offenen Gewinnausschüttung in Verbindung steht (R 36 KStR). Typische Anwendungsfälle sind überhöhte Vergütungen an Gesellschaftergeschäftsführer. Des Weiteren wird eine vGA ausgelöst, wenn Rechtsgeschäfte zwischen Kap-Ges und einem beherrschenden Gesellschafter zivilrechtlich unwirksam sind oder es an einer klaren und im Voraus getroffenen Vereinbarung fehlt. Bei der Ermittlung des Einkommens ist die vGA hinzuzurechnen.

Durch eine verdeckte Einlage wendet der Gesellschafter seiner KapGes einen einlagefähigen Vermögensvorteil zu (R 40 KStR). Ursächlich dafür ist das Gesellschaftsverhältnis, ohne dass eine gesellschaftsrechtliche Einlage erfolgt. Anwendungsfall kann der Verzicht eines Gesellschafters auf die Rückzahlung eines von ihm an die Gesellschaft gewährten Darlehens sein. Derartige Vermögensvorteile dürfen das Ergebnis der Gesellschaft nicht erhöhen, sondern sind steuerlich als Einlage zu behandeln.

Die Abziehbarkeit bestimmter Aufwendungen als Betriebsausgabe ist durch die Regelungen nach §§ 9, 10 KStG weiter eingeschränkt. Einem Abzugsverbot unterliegen:

- Personensteuern. Dazu zählen KSt, SolZ zur KSt und ausländische Quellensteuer. Die USt auf unentgeltliche Wertabgaben, Vorsteuern auf nicht abziehbare Aufwendungen sowie Nebenleistungen auf nicht abziehbare Steuern,
- Geldstrafen,
- Aufwendungen für ein Überwachungsgremium (z. B. Aufsichtsrat) sind lediglich zur Hälfte abzugsfähig.

Der kstl. Verlustabzug basiert auf den Regelungen des EStG. Damit gilt die enge Begrenzung für den Verlustrücktrag in das unmittelbare Vorjahr der Verlustentstehung von lediglich 511.500 €. Zusätzlich greift bei der Berücksichtigung von Verlustvorträgen die Mindestbesteuerung nach § 10d Abs. 2 EStG ein.

Die interperiodische Berücksichtigung von Verlusten ist nur bei weitgehender Konstanz der Beteiligungsverhältnisse an der steuerpflichtigen Kapitalgesellschaft möglich (§ 8c KStG). Sofern innerhalb eines Zeitraums von 5 Jahren mehr als 25 Prozent der Anteils- bzw. Stimmrechte übertragen werden, gehen die Verlustvorträge anteilig verloren. Der Verlustvortrag geht bei o. g. Übertragungsvorgängen von mehr als 50 Prozent vollständig verloren.

Die Ausnahmeregelung für Sanierungsfälle nach § 8c Abs. 1a KStG wird aufgrund einer Intervention der Europäischen Kommission nicht mehr angewendet. Seitens der Kommission wurde geltend gemacht, dass es sich bei der Sanierungsklausel um eine dem Gemeinsamen Markt widersprechende unzulässige staatliche Beihilfe handele. Daraufhin setzte das BMF die Anwendung der entsprechenden gesetzlichen deutschen Regelung aus.

3.3 Tarif (§ 23 KStG)

Das zu versteuernde Einkommen unterliegt dem Regelsteuersatz von 15 Prozent. Dieser Steuersatz gilt einheitlich bei unbeschränkter wie auch beschränkter Steuerpflicht. Er ist unabhängig davon, ob Gewinnausschüttungen erfolgen oder der gesamte Gewinn thesauriert wird (Definitivbelastung). Aus seiner Anwendung auf das zu versteuernde Einkommen ergibt sich der „Steuerbetrag nach Regelsteuersatz".

Weiterhin wird auf die KSt der KapGes. der Solidaritätszuschlag von 5,5 v. H. erhoben (§§ 3; 4 SolZG).

Zur Vermeidung einer zweifachen steuerlichen Belastung von ausländischen Gewinnen können im Ausland auf diese Gewinne angefallene Steuern unter bestimmten Bedingungen auf die deutsche Körperschaftsteuer angerechnet werden (§ 26 KStG). Die danach verbleibende Restgröße wird als Tarifbelastung bezeichnet.

3.4 Steuerliche Behandlung von Ausschüttungen

Zentrales Problem der KSt ist die steuerliche Belastung der von Körperschaften ausgeschütteten Gewinne. Zunächst unterliegen sie bei der ausschüttenden KapGes der Erfolgsbesteuerung durch KSt und GewSt. Dabei handelt es sich um eine eigene Steuern der KapGes. Auf Seiten des Empfängers der Ausschüttung stellt diese grds. eine steuerbare Einnahme dar, die je nach Rechtsform des Anteilseigners bei ihm der ESt oder KSt unterliegen würde. Damit käme es zu einer zweifachen Belastung der von KapGes erzielten und ausgeschütteten Gewinne. Bereits bei moderaten Steuersätzen ergeben sich daraus erhebliche Steuerbelastungen. Zur Vermeidung eines übermäßigen steuerlichen Zugriffs gibt es unterschiedliche Methoden. Nach geltender Rechtslage geschieht das seit dem VAZ 2009 im Bereich der Einkünfte aus Kapitalvermögen durch den Einbehalt der Kapitalertragsteuer, dem grds. Abgeltungswirkung zukommt. Vorläufer dieser Regelung waren das Anrechnungsverfahren (bis VAZ 2000) und das Halbeinkünfteverfahren (VAZ 2001 bis VAZ 2008).

Befinden sich die Anteile an einer Kapitalgesellschaft im Betriebsvermögen eines Einzelunternehmers oder einer Mitunternehmerschaft, zählen empfangene Dividenden zum betrieblichen Gewinn. Ihre Besteuerung erfolgt dann nach dem Teileinkünfteverfahren (§ 3 Nr. 40 EStG).

Ist eine KapGes an einer anderen beteiligt, greifen die estl. Entlastungsinstrumente nicht. Bei Ausschüttungen über mehrere Ebenen wie z. B. zwischen Enkel-, Tochter- und Muttergesellschaften käme es zu einer dreifachen Steuerbelastung des von der Enkelgesellschaft erwirtschafteten Gewinns bei Ausschüttung und Weiterausschüttung. Der Gesetzgeber verfolgt jedoch zur Vermeidung der Kumulationswirkung der KSt das Konzept, Dividendenausschüttungen zwischen Kapitalgesellschaften nicht der Besteuerung zu unterwerfen. Die Gewinnbesteuerung soll nur bei derjenigen KapGes erfolgen, die den Gewinn erwirtschaftet. Bei endgültiger Gewinnausschüttung an natürliche Personen kommt es dort zur ergänzenden Dividendenbesteuerung.

Zur Verwirklichung dieser Grundgedanken sind bei Körperschaften die von anderen Körperschaften empfangenen Gewinnausschüttungen und anderen Vermögensmehrungen von der KSt befreit (§ 8b KStG). Steuerbefreit sind zunächst Gewinnausschüttungen, die aus Beteiligungen an in- und ausländischen Kapitalgesellschaften stammen (§ 8b Abs. 1

KStG). Mit den vereinnahmten Dividenden beim Anteilseigner in Verbindung stehende Betriebsausgaben können in vollem Umfang abgezogen werden. Insoweit greift das Abzugsverbot nach § 3c Abs. 1 EStG nicht. Allerdings werden nicht abzugsfähige Betriebsausgaben in Höhe von 5 % der Dividendenerträge fingiert (§ 8b Abs. 5 KStG). Die Einkommenserhöhung leitet sich aus der Bruttodividende vor Abzug einer in- oder ausländischen Kapitalertragsteuer ab.

Von der Steuer freigestellt sind weiterhin Gewinne aus der Veräußerung von Anteilen an in- und ausländischen Kapitalgesellschaften (§ 8b Abs. 2 KStG). Wie bei vereinnahmten Dividenden werden hier ebenfalls 5 % des Veräußerungsgewinns als nichtabzugsfähige Betriebsausgabe behandelt. Gleichzeitig dürfen allerdings Teilwertabschreibungen und Veräußerungsverluste den Gewinn nicht mindern (§ 8b Abs. 3 KStG).

3.5 Körperschaftsteuerliche Organschaft

Eine KapGes. ist selbständig körperschaftsteuerpflichtig. In der Besteuerung sind die KapGes. und ihre Anteilseigner strikt voneinander zu trennen (Trennungsprinzip). Allerdings kann eine KapGes. trotz rechtlicher Selbständigkeit der einheitlichen Leitung durch ein anderes Unternehmen unterstehen, wie das in Konzernen der Fall ist. Die KSt berücksichtigt derartige Gestaltungen im Rahmen der Organschaft. Sie sind durch ein Über- und Unterordnungsverhältnis der betroffenen Unternehmen zueinander charakterisiert, wobei eine KapGes. (Organgesellschaft) wie eine Betriebsabteilung in das übergeordnete Unternehmen (Organträger) eingegliedert ist. Voraussetzungen der kstl. Organschaft sind eine finanzielle Eingliederung sowie das Bestehen eines Gewinnabführungsvertrags (§§ 14, 17 KStG). Die finanzielle Eingliederung erfordert eine Mehrheit der Stimmrechte des Organträgers am Organ. Der Gewinnabführungsvertrag muss zivilrechtlich wirksam sein und tatsächlich vollzogen werden.

Als Konsequenz der Organschaft wir das vom Organ erwirtschaftete Ergebnis dem Organträger zugerechnet und bei diesem versteuert. Die Organgesellschaft bleibt zwar subjektiv steuerpflichtig, wird unter Berücksichtigung der Ergebnisabführung jedoch einkommenslos, während beim Organträger eine Zusammenrechnung seines eigenen Einkommens mit dem ihm vom Organ zugerechneten Einkommen erfolgt.

Aus der Organschaft ergeben sich Vorteile bei der Geltendmachung von Verlusten und dem Abzug von Betriebsausgaben. So lassen sich Gewinne oder Verluste des Organträgers mit Verlusten oder Gewinnen der Organgesellschaft unmittelbar im Jahr ihrer Entstehung saldieren. Dadurch tritt eine sofortige Verlustverrechnung mit einer korrespondierenden Reduzierung der Ertragsteuern ein. Ohne Auswirkungen bleibt in Organschaftsfällen das Verbot zum Abzug von Betriebsausgaben, die mit Beteiligungserträgen in Zusammenhang stehen (§ 3c EStG) und bei Kapitalgesellschaften der Ansatz fiktiver Betriebsausgaben in Höhe von 5 % der vereinnahmten Dividenden. Ergänzend hinzu kommen gewstl. Vorteile bei der Hinzurechnung von Dauerschuldzinsen bei innerkonzernlichen Darlehensbeziehungen.

3.6 Entstehung und Veranlagung der KSt

Veranlagung und Erhebung der KSt richten sich für die unbeschränkt körperschaftsteuerpflichtigen KapGes weitestgehend nach den für die ESt geltenden Vorschriften (§ 31 KStG). Entsprechend wird die KSt als eine Jahressteuer im Wege der Veranlagung festgesetzt. Dazu bedarf es der Abgabe einer Steuererklärung.

Die veranlagte KSt entsteht mit Ablauf des Kalenderjahrs (§ 30 Nr. 3 KStG). Dieser Zeitpunkt ist vorrangig von Bedeutung für die Festsetzungsverjährung sowie die Änderung von Steuerbescheiden. Auf die voraussichtliche Jahressteuerschuld sind zum 10.3., 10.6., 10.9. und 10.12. eines Jahres Vorauszahlungen zu leisten (§ 37 Abs. 1 EStG). Sie bestimmen sich in ihrer Höhe nach der zuletzt ermittelten KSt-Schuld. Auch die Vorauszahlungen werden durch das Finanzamt mittels Bescheid (Vorauszahlungsbescheid) festgesetzt (§ 37 Abs. 3 EStG).

Aus der tariflichen KSt leiten sich die festzusetzende KSt und Abschlusszahlung bzw. Erstattungsanspruch ab (R 30 KStR):

	Steuerbetrag nach Regelsteuersatz (§ 23 Abs. 1 KStG)
./.	anzurechnende ausländische Steuern (§ 26 Abs. 1 KStG)
	Tarifliche KSt
./. +	Folgewirkungen aus Änderungen des Systems der KSt
=	festzusetzende KSt
./.	anzurechnende Kapitalertragsteuer incl. Zinsabschlagsteuer
=	verbleibende Körperschaftsteuer
./.	KSt-Vorauszahlungen für den Veranlagungszeitraum
=	Abschlusszahlung bzw. Erstattungsanspruch

Abschlusszahlungen sind innerhalb eines Monats nach Bekanntgabe des Steuerbescheids zu entrichten (§ 36 Abs. 4 EStG).

3.7 Hinweise zur Bearbeitung von Fällen und Klausuren zur Körperschaftsteuer

Einleitend ist die Art der persönlichen Steuerpflicht zu klären. Vergleichbar der ESt ist zwischen unbeschränkter und beschränkter Steuerpflicht zu unterscheiden. Bereits an dieser Stelle können auch bei unbeschränkter Steuerpflicht Auslandsbezüge erkennbar werden. Auf ihre Konsequenzen ist bei nachfolgenden Arbeitsschritten zu achten.

Im Mittelpunkt der Arbeiten steht die Ermittlung der kstl. Bemessungsgrundlage. Das zu versteuernde Einkommen ist regelmäßig aus dem vorläufigen handelsrechtlichen Jahresergebnis wie es aus der Buchführung hervorgeht, abzuleiten. Es ist notwendigen Anpassungen in Hinblick auf bilanzsteuerliche Erfordernisse zu unterwerfen. Ergänzend sind nichtabziehbare Ausgaben und steuerfreie Erträge zu berücksichtigen. Zu achten ist darauf, ob Vorauszahlungen zur KSt und GewSt sowie die KapESt auf empfangene Dividenden erfolgswirksam gebucht wurden. Das würde Änderungen bei der Einkommensermittlung zur Folge haben.

Auf das zu versteuernde Einkommen wird der Steuersatz nach § 23 KStG angewendet, wonach sich der Regelsteuerbetrag ergibt. Auslandsaktivitäten, die mit ausländischen Steuern belastet wurden, können zu Steueranrechnungen führen. Mit der festzusetzenden KSt wird gleichzeitig der in der Gewinn- und Verlustrechnung auszuweisende Aufwand für KSt bestimmt.

Die Berücksichtigung von KapESt und Vorauszahlungen zur KSt führen zur Bilanzposition für die KSt. Sie stellt sich bei Nachzahlungen als Rückstellung, bei Erstattungsforderungen als sonstiger Vermögensgegenstand dar.

Mit den im Zuge der Aufstellung des Jahresabschlusses in Zusammenhang mit der KSt anfallenden Abschlussbuchungen finden die Aufgabenstellungen ihre Abrundung.

3.8 Musterfall mit Lösungshinweisen

1. Sachverhalt

Die J.H. Voss GmbH (JHVG) mit Sitz und Ort der Geschäftsleitung in Eutin ist ein alteingesessenes Bauunternehmen. Ihr Wirtschaftsjahr entspricht dem Kalenderjahr. Für das Geschäftsjahr 2011 weist die Gesellschaft einen vorläufigen Jahresüberschuss von 400.000 € aus. Zum handelsrechtlichen Jahresabschluss zum 31.12.2011 werden die folgenden Erläuterungen gegeben:

1. Die JHVG ist alleinige Gesellschafterin der Dithmarscher Tiefbau GmbH (DTG) mit Sitz in Heide. Die DTG erzielt im Geschäftsjahr 2010 einen Gewinn in Höhe von 160.000 €. Im Juni 2011 erfolgt die vollständige Ausschüttung dieses Gewinns. Bei der JHVG wurde gebucht: Bank 120.000 € an Erträge aus Beteiligungen 120.000 €.
2. Verschiedene Aufwendungen mit einem Gesamtbetrag von 15.000 € unterliegen einem Abzugsverbot i. S. von § 4 Abs. 5 EStG.
3. Geleistete Vorauszahlungen zur KSt (100.000 €) und GewSt (130.000 €) wurden als Aufwendungen gebucht.
4. Die JHVG unterhält aufgrund einer Bestimmung in ihrer Satzung einen Aufsichtsrat. Für ihre Tätigkeit erhielten die Mitglieder dieses Gremiums im Jahr 2011 Vergütungen von insgesamt 10.000 €, die als Aufwand gebucht wurden.

3.8 Musterfall mit Lösungshinweisen

2. Aufgaben

1. der vollständige Aufwand für KSt, den die JHVG für den Veranlagungszeitraum 2011 zu tragen hat, ist zu ermitteln,
2. die von der JHVG im Jahresabschluss zum 31.12.2011 zu bildende Position für KSt ist zu bestimmen,
3. für die in Zusammenhang mit der KSt erforderlichen Abschlussbuchungen sind die Buchungssätze zu formulieren.

Aus Vereinfachungsgründen ist der Solidaritätszuschlag zu vernachlässigen. Auf die Gewerbesteuer ist nicht näher einzugehen. Die Lösungen sind durch kurze Hinweise auf die einschlägigen Rechtsgrundlagen zu begründen.

3. Lösungshinweise

	€
vorläufiger Jahresüberschuss 2011	400.000
Kapitalertragsteuer auf vereinnahmte Dividende (120.000 €/0,75) − 120.000 €)	40.000
nicht abziehbare Betriebsausgaben (§ 4 Abs. 5 EStG)	15.000
hälftige Aufsichtsratsvergütung (§ 10 Nr. 4 KStG) (10.000 €/2)	5.000
KSt-Vorauszahlungen (§ 10 Nr. 2 KStG)	100.000
GewSt-Vorauszahlungen (§ 4 Abs. 5b EStG)	130.000
erhaltene Dividenden (§ 8b Abs. 1 KStG)	./. 160.000
fiktive nichtabziehbare Betriebsausgaben (§ 8b Abs. 5 KStG) (160.000 € × 5 %)	8.000
zu versteuerndes Einkommen	538.000
Tarifbelastung = festzusetzende KSt 538.000 € × 15 v. H.	80.700
Anzurechnende KapESt	./. 40.000
Vorauszahlungen zur KSt	./. 100.000
Erstattungsanspruch KSt = sonstiger Vermögensgegenstand zum 31.12.2011	59.300 €

Die Abschlussbuchung lautet:

	S	H
Erstattungsanspruch Körperschaftsteuer	59.300 €	
Erträge aus Beteiligungen		40.000 €
Aufwand Körperschaftsteuer		19.300 €

Literaturhinweise zu Kapitel 3

Möller, C.; Lay, H.: „Die körperschaftsteuerliche Organschaft" in: SteuerStud 2010, S. 644 ff.

Scheffler, W.: „Besteuerung von Unternehmen, Band I: Ertrag-, Substanz- und Verkehrsteuern" 11. neu bearb. Auflage, Heidelberg 2009

Schönwald, S.: „Fragen und Antworten zur Körperschaftsteuer" in: SteuerStud. 2011, S. 259 ff.

Schwind, H.-D.; Hauptmann, P.-H.; Warsönke, A.: „Körperschaftsteuer leicht gemacht" 2. Auflage, Berlin 2011

Zenthöfer, W.; Leben, G.: „Körperschaftsteuer, Gewerbesteuer", 15. Auflage, Stuttgart 2010

4 Gewerbesteuer

4.1 Charakterisierung der GewSt

Das Gewerbesteuerrecht wird durch das GewStG, die zugehörige Durchführungsverordnung (GewStDV) und die Gewerbesteuer-Richtlinien (GewStR) geregelt. Die Gesetzgebungskompetenz liegt beim Bund. In das Gesetzgebungsverfahren sind Bundestag und -rat einbezogen. Gesetzesänderungen bedürfen der Zustimmung des Bundesrats. Über die Festlegung des Hebesatzes sind die Gemeinden am Gesetzgebungsverfahren beteiligt.

Die Verwaltung der Gewerbesteuer ist auf Landes- und Gemeindebehörden verteilt. Durch die Finanzämter wird das Veranlagungsverfahren bis zur Ermittlung des Steuermessbetrags betrieben. Darauf aufbauend setzen Gemeindebehörden die Gewerbesteuer fest.

Das Aufkommen aus der GewSt steht den Gemeinden zu und bildet ihre wichtigste Einnahmequelle. Sie soll einen Ausgleich für die Belastungen schaffen, die den Gemeinden durch die ortsansässigen Gewerbebetriebe entstehen (Äquivalenzprinzip). Über die Gewerbesteuerumlage sind Bund und Länder am Gewerbesteueraufkommen beteiligt. Dafür erhalten die Gemeinden einen Anteil von 15 % des im Gebiet des jeweiligen Landes anfallenden Aufkommens an Lohn und veranlagter Einkommensteuer.

Von der GewSt werden die inländischen Aktivitäten der Gewerbetreibenden erfasst. Sie ist als Realsteuer (= Sachsteuer) ausgestaltet. Besteuert wird der Gewerbebetrieb als Objekt. Ohne Bedeutung ist dessen steuerliche Leistungsfähigkeit, wie sie sich z. B. bei der ESt in den persönlichen Verhältnissen der Steuerpflichtigen widerspiegelt. Allerdings weist die GewSt aufgrund der ertragsunabhängigen Bestandteile ihrer Bemessungsgrundlage deutliche Züge einer Substanzsteuer auf.

Die Gewerbesteuer und die auf sie entfallenden Nebenleistungen (Säumniszuschläge, Verspätungszuschläge, Zinsen und Zwangsgelder) mindern ab dem Erhebungszeitraum 2008 nicht mehr die steuerlichen Bemessungsgrundlagen (§ 4 Abs. 5b EStG). Damit wird die Gewerbesteuer in ihrer Abziehbarkeit der Einkommen- und Körperschaftsteuer gleich gestellt.

Seitens der Wissenschaft und aus der Wirtschaft unterliegt die GewSt einer massiven Kritik. Sie richtet sich zunächst darauf, dass eine GewSt in anderen Staaten weitestgehend unbekannt ist. So erhebt z. B. kein Mitgliedsstaat der Europäischen Union eine vergleichbare Steuer. Daraus resultiert eine Benachteiligung deutscher Unternehmen und des Investitionsstandorts Deutschland. Des Weiteren stellt die GewSt eine Sonderbelastung deutscher gewerblicher Unternehmen dar, da nur sie, nicht aber Freiberufler von ihr erfasst werden. Ihre Anrechenbarkeit auf die tarifliche Einkommensteuer (§ 35 EStG) bietet nur einen teilweisen Ausgleich bei Personenunternehmen.

Diese Einwände wirkten sich auf die Rechtsentwicklung aus. So wurde die Gewerbekapitalsteuer nach dem 31.12.1997 vollständig abgeschafft. Verschiedene im Laufe der Zeit vorgenommene Gesetzesänderungen schafften Erleichterungen bei der Besteuerung von Gewinnen mittelständischer Unternehmen.

4.2 Steuergegenstand und Steuerpflicht (§ 2 GewStG)

Die sachliche Steuerpflicht ist bei der GewSt an das Bestehen eines inländischen Gewerbebetriebs geknüpft. Er bildet den Steuergegenstand der GewSt (§ 2 GewStG). Zu unterscheiden sind die drei Formen des Gewerbebetriebs:

- Gewerbebetrieb kraft gewerblicher Betätigung (natürlicher Gewerbebetrieb nach § 2 Abs. 1 Satz 2 GewStG),
- Gewerbebetrieb kraft Rechtsform (§ 2 Abs. 2 GewStG) und
- Gewerbebetrieb kraft wirtschaftlichen Geschäftsbetriebs (§ 2 Abs. 3 GewStG).

Zur gewerbesteuerlichen Bestimmung des natürlichen Gewerbebetriebs ist auf die einkommensteuerlichen Regelungen zu den Einkünften aus Gewerbebetrieb zurückzugreifen. Die Definition des Gewerbebetriebs nach § 15 Abs. 2 EStG gilt auch für die GewSt. Damit kommt es zwangsläufig zur steuerlichen Erfassung der Einkünfte nach § 15 EStG durch die GewSt.

Aufgrund ihrer Rechtsform sind die Kapitalgesellschaften (AG, GmbH) sowie die Genossenschaft gewerbesteuerpflichtig. Bei ihnen ist es unerheblich, ob sie die Merkmale eines Gewerbebetriebs i. S. von § 15 Abs. 2 EStG erfüllen.

Der Gewerbebetrieb kraft wirtschaftlichen Geschäftsbetriebs spielt im Wirtschaftsleben lediglich eine untergeordnete Rolle. Als Beispiel für diesen Typus sei nur die von einem Sportverein in der Rechtsform des eingetragenen Vereins betriebene Gaststätte genannt, deren Gewinne der GewSt unterliegen.

Eine natürliche Person kann mehrere Gewerbebetriebe unterhalten. Dann stellt sich die Frage nach der Abgrenzung der Betriebe zueinander. Sie ist nach dem Kriterium der sachlichen Selbständigkeit zu beurteilen (R 2.4 Abs. 1 GewStR). Prinzipiell unterliegt jeder Betrieb als eigenständiger Steuergegenstand der GewSt. Mehrere Betriebe unterschiedlicher Art bilden eine Einheit, wenn sie sachlich besonders eng verbunden sind. Gleichartige

Betriebe sind zusammenzufassen, wenn sie wirtschaftlich eng verzahnt sind. Bei Personen- wie Kapitalgesellschaften wird deren gesamte Tätigkeit als ein einheitlicher Gewerbebetrieb behandelt.

Steuerschuldner der GewSt ist der Unternehmer (§ 5 Abs. 1 GewStG). Ihn trifft die persönliche Steuerpflicht und er hat die GewSt zu zahlen. Unternehmer ist:

- Einzelgewerbetreibende: der Einzelunternehmer
- Personengesellschaften: die Personengesellschaft selbst, nicht der Gesellschafter
- Kapitalgesellschaften: die Kapitalgesellschaft

Eine Vielzahl von Gewerbebetrieben ist von der GewSt befreit (§ 3 GewStG). Die gewerbesteuerlichen Befreiungsvorschriften orientieren sich weitgehend an den entsprechenden Regelungen der KSt (§ 5 KStG).

4.3 Ermittlung der Höhe der GewSt

4.3.1 Überblick

Die GewSt bemisst sich nach dem Gewerbeertrag (§ 6 GewStG). Dabei handelt es sich um eine für die besonderen Zwecke der GewSt modifizierte Gewinngröße. Ihre Bestimmung bildet das steuerrechtliche Kernproblem der GewSt. Der daran anknüpfende Rechenweg zum endgültigen Aufwand für Gewerbesteuer und zu den Positionen im Jahresabschluss ist eher formaler Natur.

	Gewinn aus Gewerbebetrieb nach Berichtigungen	§§ 4, 5 EStG
+	Hinzurechnungen	§ 8 GewStG
=	Summe aus Gewinn und Hinzurechnungen	
./.	Kürzungen	§ 9 GewStG
=	Maßgebender Gewerbeertrag (-verlust)	
./.	Verlustabzug	§ 10a GewStG
=	Gewerbeertrag (abgerundet auf volle 100 €)	§ 7 GewStG
./.	Freibetrag für Personenunternehmen	§ 11 GewStG
=	Steuerpflichtiger Gewerbeertrag	
x	Steuermesszahl	§ 11 GewStG
=	Steuermessbetrag	§ 14 GewStG
x	Hebesatz der Gemeinde	§ 16 GewStG
=	Gewerbesteuer	
./.	Vorauszahlungen zur Gewerbesteuer	
=	Bilanzposition für Gewerbesteuer	

4.3.2 Gewinn aus Gewerbebetrieb (§ 7 GewStG)

Der nach den Vorschriften des EStG und bei Kapitalgesellschaften ergänzend nach denen des KStG ermittelte Gewinn (oder Verlust) bildet den Ausgangspunkt der Berechnungen des Gewerbeertrags. Besonders zu beachten sind an dieser Stelle die als Aufwand gebuchten nicht abzugsfähigen Betriebsausgaben (§ 4 EStG; § 10 KStG) und Vorauszahlungen zu GewSt und KSt. Für Kapitalgesellschaften basieren die gewstl. Überlegungen also auf einer Zwischensumme des Schemas zur Ermittlung des kstl. Einkommens (vgl. Abschn. 3.2.2).

Zwar besteht keine zwingende Bindungswirkung der einkommen- bzw. körperschaftsteuerlichen Ausgangsgröße für die GewSt, doch verzichtet die Praxis regelmäßig auf eine eigenständige Berechnung der gewstl. Bemessungsgrundlage.

Unterschiede bestehen bei Personenunternehmen und Kapitalgesellschaften im Umfang des gewerbesteuerlichen Gewinns. So gehen bei Personengesellschaften auch die als Aufwand behandelten Sondervergütungen an Gesellschafter (§ 15 Abs. 2 Nr. 1 EStG) wie auch die Ergebnisse aus Ergänzungsbilanzen in den Gewerbeertrag ein. Aus dem Gewinn sind Bestandteile auszuscheiden, die nicht mit dem laufenden Gewerbebetrieb in Zusammenhang stehen.

Gewinne aus der Veräußerung oder Aufgabe des Gewerbebetriebs oder eines Teilbetriebs einer Mitunternehmerschaft und eines Anteils eines Gesellschafters daran werden gewstl. nicht erfasst, soweit sie auf eine natürliche Person als Mitunternehmer entfallen (§ 7 Satz 2 GewStG). Ebenso wenig unterliegen Veräußerungs- und Aufgabegewinne i. S. von § 16 EStG beim Einzelunternehmer der GewSt (R 7.1 Abs. 3 GewStR).

4.3.3 Gewerbesteuerliche Modifizierungen (§§ 8 und 9 GewStG)

Im weiteren Rechengang ist der Gewinn aus Gewerbebetrieb verschiedenen Korrekturen zu unterwerfen. Dabei handelt es sich teilweise um Hinzurechnungen und Kürzungen von Sachverhalten, die bei der Gewinnermittlung entsprechend den handels- und steuerrechtlichen Regelungen als Aufwendungen bzw. Erträge behandelt worden sind. Diese Abänderungen des ursprünglichen Ergebnisses werden damit begründet, dass die GewSt ihrem Charakter als Objektsteuer entsprechend das tatsächlich erzielte, d. h. objektivierte Ergebnis des Betriebs erfassen soll. Dazu bedürfe es z. B. der Neutralisierung der individuellen Finanzierungssituation, da der Einsatz von Eigen- und Fremdkapital gleich behandelt werden soll. Die Argumentation vermag kaum zu überzeugen, weil es sich bei unterschiedlich finanzierten Betrieben eben um verschieden strukturierte Steuergegenstände handelt, die willkürlich vereinheitlicht werden.

Weitere Anpassungen dienen dazu, mehrfache Be- oder Entlastungen mit Objektsteuern zu vermeiden und die GewSt auf die inländischen Aktivitäten des Gewerbebetriebs zu begrenzen.

Zu den am häufigsten vorzufindenden Hinzurechnungen und Kürzungen gehören:

4.3.3.1 Finanzierungsentgelte (§ 8 Nr. 1 GewStG)

Unterschiedliche Arten von Finanzierungskosten unterliegen der Hinzurechnung nach § 8 Nr. 1 GewStG. Ihre Einbeziehung in die Hinzurechnung erfolgt mit unterschiedlichen Faktoren. Einzelheiten zeigt die nachfolgende Tabelle.

Position	Anrechnungsfaktor	Betrag €
Entgelte für Schulden	100 %	....
Renten und dauernde Lasten	100 %	....
Gewinnanteil des stillen Gesellschafters	100 %	....
Miet- und Pachtzinsen (einschließlich Leasingraten) für bewegliche Wirtschaftsgüter des Anlagevermögens	20 %	....
Miet- und Pachtzinsen (einschließlich Leasingraten) für unbewegliche Wirtschaftsgüter des Anlagevermögens	50 %	....
Aufwendungen für zeitliche Überlassung von Rechten	25 %	....
Zwischensumme		
Freibetrag		./. 100.000
Hinzurechnungsbetrag nach Abzug des Freibetrags		....
Hinzurechnungsbetrag für Finanzierungskosten (Hinzurechnungsbetrag nach Abzug des Freibetrags x ¼)		....

Sämtliche Finanzierungskosten unterliegen nur der Hinzurechnung, sofern sie den Gewinn gemindert haben. Aufgrund von Überentnahmen (§ 4 Abs. 4a EStG) oder infolge der Zinsschranke (§ 4h EStG) nicht berücksichtigte Zinsen werden deshalb nicht hinzugerechnet.

Unabhängig von Art und Dauer der Fremdkapitalüberlassung findet die Hinzurechnung von Entgelten für Schulden statt. Sie sind im Umfang weit zu fassen und beinhalten Diskontaufwendungen wie auch Kosten von Factoring und Forfaitierung (§ 8 Nr. 1 Buchst. a GewStG).

Als Aufwand verrechnete Renten und dauernde Lasten sind dem Gewinn hinzuzurechnen (§ 8 Nr. 1 Buchst. b GewStG).

Gewinnanteile des stillen Gesellschafters werden beim Kaufmann, in dessen Vermögen die Einlage eingegangen ist, als Betriebsausgaben gebucht. Sie sind hinzuzurechnen, da sie den Zinsen weitgehend ähnlich sind (§ 8 Nr. 1 Buchst. c GewStG).

Dem Objektcharakter der GewSt folgend, fallen Miet-, Pacht- und Leasingaufwendungen unter die Hinzurechnungsnormen (§ 8 Nr. 1 Buchst. d und e GewStG). Auf diese Weise soll die Finanzierungsstruktur bei Ermittlung der Ertragskraft ausgeblendet werden. Mit den aufgeführten Kosten sind die Abschreibungen des Eigentümers sowie seine Finanzierungskosten abzugelten. In pauschalierender Weise werden die Finanzierungsanteile auf 20 % bzw. 50 % festgelegt.

Ähnlich begründet sich die Hinzurechnung von Kosten für die Überlassung von Rechten, wie z. B. Patent- oder Markenrechten (§ 8 Nr. 1 Buchst. f GewStG).

4.3.3.2 Steuerfreie Einnahmen nach § 3 Nr. 40 EStG und 8b KStG (§ 8 Nr. 5 GewStG)

Soweit die Dividendenerträge beim Empfänger dem Teileinkünfteverfahren unterliegen oder nach § 8b KStG steuerbefreit sind, erfolgt eine gewstl. Hinzurechnung. Sie tritt ein, wenn die Kürzungsvorschriften nach § 9 Nrn. 2a und 7 GewStG nicht anwendbar sind. Hinzuzurechnen sind die Nettobeträge aus steuerlich nicht erfassten Teilen der Dividenden und den damit in Zusammenhang stehenden Aufwendungen. Für letztere gilt hier nicht das Abzugsverbot nach § 3c EStG.

4.3.3.3 Verlustanteile aus Mitunternehmerschaften (§ 8 Nr. 8 GewStG)

Bei Personengesellschaften anfallende Verluste werden den Gesellschaftern unmittelbar zugerechnet und mindern im Jahr der Verlustentstehung deren Gewinne. Gleichzeitig werden die Personengesellschaften bei der GewSt als selbständige Steuerschuldner behandelt. Sie haben damit die Möglichkeit zum eigenen gewerbesteuerlichen Verlustvortrag. Ohne die Hinzurechnung der beim Gesellschafter gewinnmindernd erfassten Verluste käme es zu einer doppelten Berücksichtigung der Verluste beim Gesellschafter und bei der Personengesellschaft. Eine korrespondierende Kürzungsvorschrift regelt den Abzug der Gewinne der Mitunternehmerschaft bei ihren Gesellschaftern.

4.3.3.4 Kürzungen beim Grundbesitz (§ 9 Nr. 1 GewStG)

Zum Ausgleich der Belastung des betrieblichen Grundbesitzes durch die Grundsteuer wurde eine Entlastung bei der GewSt geschaffen. Sie beträgt 1,2 v. H. der um 40 v. H. erhöhten Einheitswerte der Betriebsgrundstücke (§ 121a BewG).

4.3.3.5 Gewinnanteile an Kapitalgesellschaften (§ 9 Nrn. 2a, 7 GewStG)

Ausgeschüttete Gewinne unterliegen zunächst bei der ausschüttenden Gesellschaft der GewSt. Die Ausschüttung erhöht anschließend den Gewinn des Empfängers und unterliegt damit zum zweiten Mal der GewSt. Diese mögliche Doppelbelastung mit GewSt wird vermieden, indem beim Gesellschafter eine Kürzung um die vereinnahmten Ausschüttungserträge erfolgt. Bei leicht unterschiedlichen Voraussetzungen bezieht sich die Kürzungsvorschrift auf Ausschüttungen von in- und ausländischen Kapitalgesellschaften.

Beteiligungserträge aus Anteilen an KapGes. sind steuerbefreit, sofern die Beteiligungen im Betriebsvermögen von Körperschaften gehalten werden (§ 8b Abs. 1 KStG). Werden die Anteile von Personenunternehmen gehalten, unterliegen die Beteiligungserträge nur einer 60 %igen stl. Erfassung (§ 3 Nr. 40 Buchst. a EStG). Der estl. erfasste Teil ist ggf. nach § 9 Nr. 2a GewStG zu kürzen.

4.3.4 Verlustabzug (§ 10a GewStG)

Ähnlich wie bei der ESt ist es bei der GewSt möglich, aufgetretene Verluste außerhalb des Jahres ihrer Entstehung steuerlich geltend zu machen. Während der estl. Verlustabzug die Möglichkeit des interperiodischen Rück- und Vortrags umfasst, stellt die GewSt ausschließlich einen Verlustvortrag zur Verfügung. Er setzt Unternehmens- und Unternehmeridentität voraus. Dazu muss der Gewerbebetrieb, bei dem der Verlustvortrag geltend gemacht werden soll, mit demjenigen identisch sein, bei dem der Verlust eingetreten war (R 10a.2 GewStR). Unter dem Aspekt der Unternehmeridentität kann nur der Gewerbetreibende, der einen Verlust in eigener Person erlitten hat, diesen auch später geltend machen (R 10a.3 GewStR). Deshalb geht bei Gesellschafterwechseln bei Personenunternehmen der Verlustvortrag anteilig verloren.

Der Verlustvortrag ist zeitlich nicht begrenzt, jedoch sind die Verluste so schnell wie möglich zu verrechnen. Die betragliche Höhe des vortragsfähigen Verlustes ergibt sich aus dem ursprünglichen Gewerbeverlust, abzüglich der bereits in Vorjahren berücksichtigten Beträge. Das Konzept der Mindestbesteuerung nach § 10d EStG wirkt sich ebenfalls bei der GewSt aus und kann zu einer zeitlich verzögerten Berücksichtigung angefallener Verluste führen.

4.3.5 Überleitung vom Gewerbeertrag zum Steuermessbetrag (§ 11 GewStG)

Personenunternehmen erhalten zunächst eine gewstl. Begünstigung gegenüber Kapitalgesellschaften durch einen Freibetrag von 24.500 €.

Aus der anschließenden Anwendung der Steuermesszahl auf den (gekürzten) Gewerbeertrag ergibt sich der Steuermessbetrag. Die Steuermesszahl beläuft sich ab dem Erhebungszeitraum 2008 auf einheitlich 3,5 v. H. Dabei wird nicht mehr zwischen Kapitalgesellschaften und Personenunternehmen unterschieden.

4.3.6 Hebesatz der Gemeinde (§ 16 GewStG)

Die Gemeinden sind berechtigt und verpflichtet, bei den auf ihrem Gebiet ansässigen Betrieben die GewSt zu erheben. Das geschieht durch Anwendung des gemeindespezifischen Hebesatzes auf den Steuermessbetrag. Der Hebesatz wird vom Gemeindeparlament (Stadt- oder Gemeinderat) mittels einer Satzung für ein Jahr oder einen längeren Zeitraum festgesetzt. Er gilt einheitlich für alle in der Gemeinde ansässigen Unternehmen. Im Jahr 2010 lagen die Hebesätze in den deutschen Gemeinden mit mehr als 50.000 Einwohnern zwischen 350 v. H. (Frankfurt/Oder, Friedrichshafen) und 490 v. H. (München). Zur Vermeidung eines „Steuerwettbewerbs" zwischen den Gemeinden ist ein Mindesthebesatz von 200 v. H. vorgeschrieben (§ 16 Abs. 4 GewStG).

4.3.7 Zerlegung (§§ 28–34 GewStG)

Vielfach ist ein Betrieb nicht ausschließlich auf das Gebiet einer einzigen Gemeinde konzentriert. So können sich Betriebsstätten in verschiedenen Gemeinden befinden, der Hauptbetrieb sich auf mehrere Gemeinden erstrecken oder eine Betriebsstätte innerhalb des Jahres von einer Gemeinde in eine andere verlegt worden sein. In derartigen Fällen sollen mehrere Gemeinden an dem Gewerbesteueraufkommen des Betriebs teilhaben. Das wird erreicht, indem der einheitliche Steuermessbetrag auf die betroffenen Gemeinden aufgeteilt wird (§ 28 GewStG). Dieser Vorgang wird als Zerlegung bezeichnet. Maßstab für die Verteilungsrechnung ist das Verhältnis aus den an die Arbeitnehmer in der jeweiligen Gemeinde gezahlten Arbeitslöhne zu den gesamten Arbeitslöhnen (§ 29 GewStG). An die Stelle eines sachbezogenen Verfahrens tritt eine vereinfachende Hilfsrechnung.

Beispiel:
Die Auto-GmbH betreibt den Handel mit Neu- und Gebrauchtfahrzeugen. Ihr Unternehmen umfasst den Hauptbetrieb in der Gemeinde X-Stadt sowie eine Filiale in Y-Dorf. Für die im Hauptbetrieb beschäftigten Mitarbeiter fielen im Jahr 2011 Gehälter von 300.000 €, für die in der Filiale Beschäftigten von 200.000 € an. Die gemeindespezifischen Hebesätze belaufen sich auf 440 v. H. in X-Stadt und 400 v. H. in Y-Dorf. Der Gewerbeertrag des Jahres 2011 beträgt für das einheitliche Unternehmen 400.000 €.
Zu berechnen ist die von der Auto-GmbH für den Erhebungszeitraum 2011 zu entrichtende Gewerbesteuer.

	Anteilige Gehälter	Anteiliger Messbetrag	Hebesatz (v. H.)	Gewerbesteuer
X-Stadt	300.000 €/500.000 € = 60 %	400.000 € × 0,035 × 0,6 = 8.400 €	440	8.400 € × 4,4 = 36.960 €
Y-Dorf	200.000 €/500.000 € = 40 %	400.000 € × 0,035 × 0,4 = 5.600 €	400	5.600 € × 4,0 = 22.400 €
				59.360 €

Im Wege der Zerlegung kommt es zu Steuerfestsetzungen durch die Gemeinde X-Stadt über 36.960 € sowie die Gemeinde Y-Dorf über 22.400 €. Der tatsächliche Aufwand für GewSt des Erhebungszeitraums 2011 beträgt 59.360 €.

4.4 Besteuerungsverfahren bei der GewSt

Das Besteuerungsverfahren bei der GewSt ist zweistufig aufgebaut. An ihm sind in den Flächenstaaten Finanzämter und Gemeinden beteiligt. In den Aufgabenkreis der Finanzämter fallen die Festsetzung des Gewerbesteuermessbetrags und die Feststellung eines etwaigen

Gewerbeverlusts sowie die Durchführung der Zerlegung. Ausgehend von der GewStErklärung des Steuerpflichtigen ermitteln die Betriebsfinanzämter den Steuermessbetrag und setzen ihn in einem Gewerbesteuermessbescheid fest. Dabei handelt es sich nicht um einen Steuerbescheid, da er keine Angaben über die Höhe der Steuer enthält. Den Inhalt des Steuermessbescheids teilen die Finanzämter den zuständigen Gemeindebehörden mit. Diesen obliegen die nachfolgende Festsetzung und Erhebung der GewSt. Durch Multiplikation des einschlägigen Hebesatzes mit dem GewStMessbetrag ermitteln sie zunächst die Steuerschuld und setzen sie im GewStBescheid fest. Er wird dem Steuerpflichtigen bekannt gegeben. Dieser Steuerbescheid der Gemeinde beinhaltet gleichzeitig den durch das Finanzamt erstellten Steuermessbescheid.

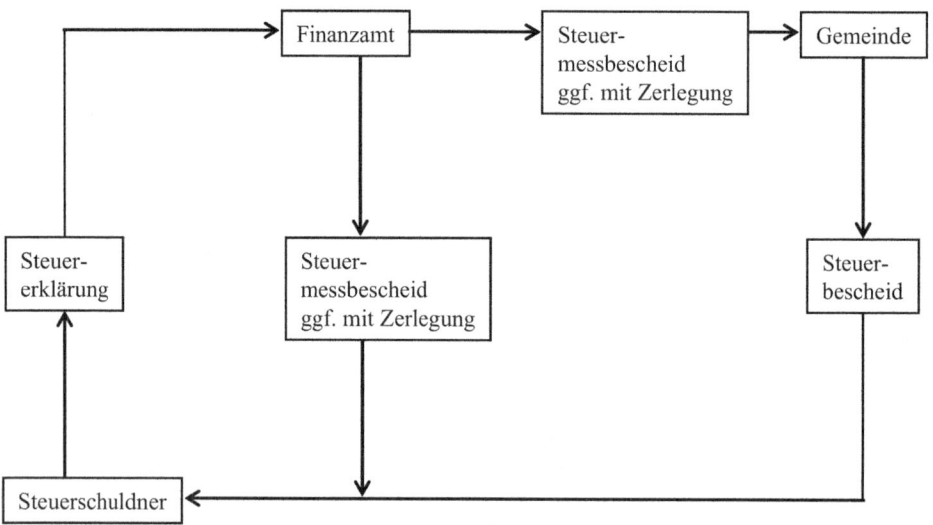

Besteuerungsverfahren bei der Gewerbesteuer

Entsprechend der Verteilung der Besteuerungsaufgaben auf Finanzverwaltung und Gemeinden ist bei der GewSt zwischen zwei außergerichtlichen Rechtsbehelfen zu unterscheiden. Hinsichtlich des GewStMessbescheids ist der Einspruch statthaft. Er ist beim Finanzamt einzulegen. Gegen einen ablehnenden Einspruchsbescheid ist Klage an das Finanzgericht möglich. Bezüglich des Gewerbesteuerbescheids der Gemeinde gilt das Widerspruchsverfahren nach der Verwaltungsgerichtsordnung. Der gerichtliche Rechtsbehelf ist hier die Klage an das Verwaltungsgericht.

Bei der Begründung der Rechtsbehelfe ist das Verhältnis von GewStMessbescheid und GewStBescheid zu beachten. Sie stehen zueinander als Grundlagen- und Folgebescheid. Daraus folgt, dass Einwendungen, die gegen den Messbescheid (= Grundlagenbescheid) bestehen, nicht gegen den GewSt-Bescheid (= Folgebescheid) geltend gemacht werden können. Im umgekehrten Fall gilt das Gleiche.

Auf die GewStSchuld sind quartalsweise Vorauszahlungen zu leisten. Sie sind am 15.2., 15.5., 15.8. und 15.11. eines Jahres zu entrichten (§ 19 Abs. 1 GewStG). Die Höhe der Vorauszahlungen richtet sich nach der letzten Veranlagung und beträgt ein Viertel der Steuer, die sich dabei ergeben hatte. Eine Anpassung der Vorauszahlungen für den laufenden Erhebungszeitraum an die voraussichtlichen Verhältnisse kann durch die Gemeinde oder das Finanzamt erfolgen. Sofern sich die GewStSchuld gegenüber der letzten Veranlagung z. B. wegen rückläufiger Gewinne voraussichtlich vermindert, sollte der Steuerpflichtige einen Antrag auf Herabsetzung der Vorauszahlungen an das Finanzamt richten.

Nach endgültiger Festsetzung der GewSt findet eine Abrechnung über die geleisteten Vorauszahlungen statt (§ 20 GewStG). Ergibt sich bei vollständig gezahlten und zu niedrigen Vorauszahlungen eine Restschuld, ist sie innerhalb eines Monats nach Bekanntgabe des Steuerbescheids zu begleichen. Ein Erstattungsanspruch wird soweit möglich verrechnet oder an den Steuerpflichtigen ausgezahlt.

4.5 Besondere steuerliche Pflichten

Den Steuerschuldnern obliegen bei der GewSt Melde- und Steuererklärungspflichten. Die Eröffnung eines gewerblichen Betriebs oder einer Betriebsstätte sind beim Finanzamt und der Gemeindebehörde anzuzeigen. Das gilt auch für Betriebsabmeldungen und -ummeldungen. Abgeleitet aus seinen Mitwirkungspflichten im Ermittlungsverfahren muss der Steuerschuldner eine GewStErklärung abgeben. Sie enthält die vom Finanzamt für die Errechnung des Steuermessbetrags und ggf. die ergänzende Zerlegung benötigten Angaben. Abgabetermin für die GewStErklärung ist der 31. Mai des Folgejahrs.

4.6 Gewerbesteuerliche Organschaft

Unter gleichen Voraussetzungen wie bei der KSt (§§ 14 ff. KStG) entsteht eine gewstl. Organschaft (vgl. Absch. 3.5). Die Organgesellschaften nehmen den Charakter von Betriebsstätten des Organträgers an (§ 2 Abs. 2 GewStG). Damit bilden sie keinen eigenen Steuergegenstand mehr. Steuerschuldner für den durch den Organkreis gebildeten Gewerbebetrieb wird der Organträger. Gleichwohl bleiben Organgesellschaften und Organträger zivilrechtlich selbständig und bilanzierungspflichtig. Zur Ermittlung des Gewerbesteueraufwands errechnen Organträger und -gesellschaften ihre Gewerbeerträge getrennt. Anschließend erfolgt auf der Ebene des Organträgers deren Zusammenfassung und die Ermittlung eines einheitlichen Messbetrags sowie ggf. dessen Zerlegung auf mehrere Gemeinden. Gewerbesteuermessbescheid und GewSt-Bescheid ergehen gegen den Organträger.

Um eine doppelte steuerliche Belastung zu vermeiden, haben bestimmte Hinzurechnungen nach § 8 GewStG zu unterbleiben (R 7.1 Abs. 5 GewStR). Das gilt z. B. bei Darlehensgewährungen des Organträgers an eine Organgesellschaft. Bei der Ermittlung des einheitlichen Gewerbeertrags ist bei der Organgesellschaft vom Gewinn vor Gewinnabführung oder Verlustübernahme auszugehen. Korrespondierend ist die Ergebnisübernahme im Gewerbeertrag des Organträgers zu neutralisieren.

Vorteile ergeben sich aus der Organschaft bei der GewSt durch die sofortige Verrechnung von Verlusten zwischen Organträger und -gesellschaften. Ebenso wie bei der KSt erlaubt die Organschaft gewstl. den vollständigen Abzug von Betriebsausgaben, der ansonsten durch § 3c EStG versagt wäre. Weiterhin unterbleibt der Ansatz fiktiver Betriebsausgaben in Höhe von 5 % der vereinnahmten Dividende.

4.7 Hinweise zur Bearbeitung von Fällen und Klausuren zur GewSt

In einer Vorüberlegung ist zu klären, ob im vorliegenden Fall die sachliche Steuerpflicht gegeben ist, d. h. ein Gewerbebetrieb besteht. Sofern ein natürlicher Gewerbebetrieb in Betracht kommt, müssen die im Sachverhalt geschilderten Tätigkeiten darauf untersucht werden, ob sie in Hinblick auf § 15 Abs. 2 EStG gewerblichen Charakters sind.

Aus dem Bestehen eines Gewerbebetriebs leitet sich sodann über den zu benennenden Unternehmer der Steuerschuldner ab.

Die nachfolgenden Arbeitsschritte hängen von der Aufgabenstellung ab. Üblicherweise sind der Gewerbeertrag oder der tatsächliche Aufwand für GewSt bzw. die zu bildende GewSt-Bilanzposition von Interesse. Damit bestimmt sich der Lösungsweg nach dem Schema von Abschn. 4.3.1. Für den Gewinn aus Gewerbebetrieb ist zu prüfen, ob das einkommen- oder körperschaftsteuerliche Ergebnis für Zwecke der GewSt unverändert übernommen werden kann. Abweichungen können sich aus der Korrektur von Fehlern oder dem unterschiedlichen Umfang der stl. Erfassung ergeben.

Arbeitstechnisch ist der Sachverhalt sorgfältig daraufhin zu untersuchen, ob die Ausgangsgröße durch Hinzurechnungen (§ 8 GewStG) oder Kürzungen (§ 9 GewStG) zu modifizieren ist. Sofern ein Verlust zur Berücksichtigung im Rahmen des Vortrags ansteht, ist sein Untergang infolge Gesellschafterwechsels zu beachten.

Häufig ist die GewSt in einem einheitlichen Fall mit der KSt zu ermitteln. Hier ist die KSt sinnvollerweise vor der GewSt zu berechnen, da das kstl. z. v. E. einen Zwischenschritt zur Ermittlung des Gewerbeertrags darstellt.

4.8 Musterfälle mit Lösungshinweisen

Musterfall 1
1. Sachverhalt
Sitz und Ort der Geschäftsleitung der Baltic Advertising GmbH befinden sich in Kiel. Ihr Geschäftsjahr entspricht dem Kalenderjahr. Zum 31.12.2011 legt die Gesellschaft den fol-

4.8 Musterfälle mit Lösungshinweisen

genden – stark zusammengefassten – handelsrechtlichen Jahresabschluss vor. Er ist als vorläufig anzusehen, da die Steuerpositionen in Bilanz sowie Gewinn- und Verlustrechnung noch nicht abschließend berechnet sind.

Bilanz zum 31.12.2011

	€		€
verschiedene Aktiva	4.000.000	Gezeichnetes Kapital	1.000.000
		Jahresüberschuss	400.000
		verschiedene Passiva	2.600.000
	4.000.000		4.000.000

Gewinn- und Verlustrechnung für das Geschäftsjahr 2011

	€
Verschiedene Erträge	10.000.000
Steuern vom Einkommen und vom Ertrag	190.000
übrige Aufwendungen	9.410.000
Jahresüberschuss	400.000

Folgende Vorgänge wurden gewinnmindernd als Aufwendungen gebucht:

	€
Vorauszahlungen auf die GewStSchuld des Erhebungs-Zeitraums 2011	50.000
Vorauszahlungen auf die KStSchuld des Veranlagungszeitraums 2011	140.000
Geschenke an Geschäftsfreunde mit Einzelbeträgen von mehr als 35 €; insgesamt	3.000
Vergütung an Mitglieder des Aufsichtsrats	14.000
voller Zinsaufwand für ein langfristiges Darlehen	30.000

Die Baltic Advertising GmbH nutzt ein ihr gehörendes Grundstück vollständig für betriebliche Zwecke. Sein Einheitswert auf den 1.1.1994 beträgt 300.000 €.

Der Gewerbesteuerhebesatz beläuft sich für das Jahr 2011 in der Stadt Kiel auf 430 %.

2. Aufgaben

Es sind der endgültige Aufwand für GewSt und die damit in Zusammenhang stehende Bilanzposition für den Jahresabschluss zum 31.12.2011 zu ermitteln. Unter Hinweis auf die Rechtsgrundlagen sind die einzelnen Lösungsschritte knapp zu begründen.

3. Lösungshinweise

	€
vorläufiger handelsrechtlicher Jahresüberschuss	400.000
Geschenke an Geschäftsfreunde (§ 4 Abs. 5 Nr. 1 EStG)	3.000
Vergütung an Aufsichtsrat (§ 10 Nr. 4 KStG) (14.000 €/2 = 7.000 €)	
GewSt-Vorauszahlungen 2011 (§ 4 Abs. 5b EStG)	7.000
KSt-Vorauszahlungen 2011 (§ 10 Nr. 2 KStG)	50.000
	140.000
zu versteuerndes Einkommen	600.000
Zinsaufwand < Freibetrag (§ 8 Nr. 1 Buchst. a GewStG)	0
Summe aus Gewinn und Hinzurechnungen	600.000
Kürzung für Grundbesitz (§ 9 Nr. 1 Satz 1 GewStG; § 121a BewG) 300.000 € × 1,4 × 1,2 %	./. 5.040
vorläufiger Gewerbeertrag 2011	594.960
Abrundung (§ 11 GewStG)	./. 60
steuerpflichtiger Gewerbeertrag 2011	594.900
Steuermessbetrag (594.900 € × 3,5 % = 20.822 €)	20.822
Aufwand für GewSt 2011 (20.822 € × 430 %)	89.535
Vorauszahlungen GewSt 2011	./. 50.000
Rückstellung für GewSt zum 31.12.2011	39.535

Musterfall 2

1. Sachverhalt

Die Deutsche HeliServices GmbH (DHS) mit Sitz in Paderborn betreibt ein Luftfahrtunternehmen. Sie führt Aufträge zur Personen- und Frachtbeförderung aus. Im Geschäftsjahr 2011 (= Kalenderjahr) erwirtschaftet die Gesellschaft einen vorläufigen Jahresfehlbetrag in Höhe von 15.000 €.

Für Zwecke der Steuerberechnung werden die folgenden ergänzenden Informationen zur Verfügung gestellt:

1. Die DHS hat die von ihr eingesetzten Hubschrauber geleast. Rechtlicher und wirtschaftlicher Eigentümer sind zwei Leasinggesellschaften. Die Leasingzahlungen an jede der beiden Leasinggesellschaften belaufen sich auf 300.000 € im Jahr und wurden als Aufwand gebucht.
2. Für die Inanspruchnahme eines langfristigen Fälligkeitsdarlehens fielen Zinsaufwendungen in Höhe von 450.000 € an.
3. Die DHS ist alleinige Gesellschafterin der Alpenflugschule GmbH (AFS) mit Sitz in Landeck, Österreich. Die AFS erzielt im Geschäftsjahr 2010 einen Gewinn in Höhe von 200.000 €. Im Juni 2011 erfolgte eine vollständige Ausschüttung dieses Gewinns. Bei der DHS wurden dem entsprechend Beteiligungserträge von 200.000 € ertragswirksam vereinnahmt.

4. Auf Basis der letzten Veranlagungen wurden für das Geschäftsjahr 2011 Vorauszahlungen zur Körperschaft- und Gewerbesteuer von 80.000 € bzw. 70.000 € geleistet und als Aufwendungen gebucht.

2. Aufgaben

2.1 Ermitteln Sie bitte für die DHS den auf das Jahr 2011 entfallenden endgültigen Aufwand für Gewerbesteuer. Der Hebesatz für Paderborn beträgt 403 v. H.
2.2 Ferner ist für den Jahresabschluss zum 31.12.2011 die mit der Gewerbesteuer in Zusammenhang stehende Bilanzposition zu ermitteln.

3. Lösungshinweise

		€
vorläufiger handelsrechtlicher Jahresfehlbetrag		./. 15.000
GewSt-Vorauszahlungen 2011		70.000
KSt-Vorauszahlungen 2011		80.000
erhaltene Dividenden (§ 8b Abs. 1 KStG)		./. 200.000
fiktive nichtabziehbare Betriebsausgaben (§ 8b Abs. 5 KStG) (200.000 € × 0,05)		10.000
steuerlicher Verlust		./. 55.000
Zinsaufwendungen (§ 8 Nr. 1 GewStG)	450.000	
Leasingaufwendungen (600.000 € × 20 %)	120.000	
	570.000	
Freibetrag	./. 100.000	
	470.000	
Hinzurechnungsbetrag (470.000 €/4)		117.500
Hinzurechnung der vereinnahmten Dividende (§§ 8 Nr. 5 und 9 Nr. 7 GewStG)		0
Gewerbeertrag		62.500
Steuermessbetrag (62.500 € × 0,035)		2.188
Aufwand für GewSt 2011 (2.188 € × 4,03)		8.818
Vorauszahlungen GewSt 2011		70.000
Forderung Erstattung GewSt zum 31.12.2011		61.182

Literaturhinweise zu Kapitel 4

Schober, K.: „Gewerbesteuer – leicht gemacht" Berlin 2009

Tetzlaff, G.; Weichhaus, S.: „Grundlagen der Gewerbesteuer" in: SteuerStud 2011, S. 519 ff.

5 Umsatzsteuer

5.1 Charakterisierung der Umsatzsteuer

Die USt zählt formal zu den Verkehrsteuern, da sie an Vorgänge des Rechtsverkehrs anknüpft. Wirtschaftlich handelt es sich jedoch um eine allgemeine Verbrauchsteuer. Mit ihr sollen privater und öffentlicher Endverbrauch belastet werden. Im Kern zielt sie damit vorrangig auf die Besteuerung der Einkommensverwendung ab. Die USt ist eine indirekte Steuer, da der Unternehmer als Steuerschuldner sie nach Möglichkeit auf den Verbraucher überwälzt.

Den rechtlichen Rahmen setzen das UStG nebst UStDV sowie der Umsatzsteuer-Anwendungserlass (UStAE), der an die Stelle der inzwischen aufgehobenen UStR getreten ist.

Das Abrechnungssystem der USt erklärt das vereinfachende Beispiel, in dem die Unternehmer P, G und E sowie der private Endverbraucher V mitwirken:

Der Produzent P erstellt ein Erzeugnis, das er zum Netto-Preis von 1.000 € zzgl. der USt (19 %) von 190 €, also für insgesamt 1.190 € an den Großhändler G veräußert. Die in Rechnung gestellte USt von 190 € muss P an das Finanzamt abführen. G verkauft die Ware für netto 2.000 € zzgl. der USt (19 %) von 380 € zum Brutto-Preis von 2.380 € an den Einzelhändler E. Gegen seine USt-Schuld aus dem Verkauf an E von 380 € verrechnet G die ihm durch P belastete USt von 190 € im Wege des sog. Vorsteuerabzugs. Seine Zahllast gegenüber dem Finanzamt beträgt somit 190 € (380 € ./. 190 €). E verkauft den Gegenstand für netto 3.000 € zzgl. der USt (19 %) von 570 € zum Brutto-Preis von 3.570 € an den privaten Endverbraucher V. Im Abrechnungsverkehr mit dem Finanzamt verrechnet E seine USt-Schuld von 570 € mit der von G an ihn belasteten USt von 380 €. Auch für E entsteht damit eine Zahllast von 190 € (570 € ./. 380 €). V steht außerhalb der Unternehmerkette und muss deshalb die von E auf ihn überwälzte USt selbst tragen. Der Vorsteuerabzug steht ihm nicht zu. Tabellarisch zusammengefasst ergeben sich folgende Größen:

Unter-nehmer	Einkaufs-preis	Verkaufs-preis (netto)	Differenz (=Mehr-wert)	USt	Vorsteuer	USt-Zahllast	Zahlun-gen an das Finanzamt (kumu-liert)
	€	€	€	€	€	€	€
P	0	1.000	1.000	190	0	190	190
G	1.000	2.000	1.000	380	190	190	380
E	2.000	3.000	1.000	570	380	190	570

Zur Funktionsweise der USt lässt sich hiernach festhalten:

1. Die USt wird bei allen Unternehmern erhoben, die am Produktions- und Absatzprozess mitwirken (Allphasen-Umsatzsteuer),
2. durch den Vorsteuerabzug wird die ansonsten eintretende Kumulationswirkung in der Belastung mit USt vermieden. Er bewirkt eine Neutralisierung der auf vorangegangenen Stufen erhobenen USt. Bei jedem Unternehmer kommt es lediglich zu einer Besteuerung des von ihm hervorgebrachten „Mehrwerts". Daraus leitet sich die Bezeichnung „Mehrwertsteuer" ab,
3. die insgesamt vom Endverbraucher zu tragende USt-Belastung (hier: 570 €) wird in Teilbeträgen an das Finanzamt abgeführt. Endgültig kann der Fiskus jedoch erst mit dem Endumsatz über die vereinnahmten Beträge verfügen. Würde E nämlich seine Forderung gegen V nicht realisieren können, hätte er einer Vorsteueranspruch von 380 € gegen das Finanzamt, ohne dass dem eine USt-Zahllast gegenüberstünde.
4. Die USt hat keine Auswirkungen auf die Kosten bei den Unternehmern gehabt. Die Gewinne ergeben sich stets als Differenzen zwischen den Verkaufs- und Einkaufspreisen nach ihren Nettowerten.

Rechtsgrundlagen der USt sind das Umsatzsteuergesetz (UStG) sowie die Umsatzsteuer-Durchführungsverordnung (UStDV). Sie werden durch die Verwaltungsanweisung des Umsatzsteuer-Anwendungserlasses 2010 (UStAE) ergänzt.

5.2 Problembereiche der Umsatzsteuer

Während bei den Ertragssteuern ein zu versteuerndes Einkommen oder ein Gewerbeertrag ermittelt werden, die Grundlage für die Anwendung eines Steuersatzes darstellen, werden für umsatzsteuerliche Zwecke jeweils einzelne Geschäfte („Umsätze") untersucht.

Schematisiert stellen sich die umsatzsteuerlichen Problemfelder mit den sie erschließenden Fragen wie folgt dar:

Steuergegenstand (ist der Umsatz steuerbar, § 1 UStG?)
Steuerbefreiungen (ist der Umsatz möglicherweise steuerbefreit, § 4 UStG?)
Bemessungsgrundlage (wonach bemisst sich die USt, § 10 UStG?)
Steuersatz (§ 12 UStG)

=	(Ausgangs-) Umsatzsteuer
./.	Vorsteuer (= Eingangs-Umsatzsteuer) (ist der Unternehmer zum Vorsteuerabzug berechtigt?)

= verbleibende Steuerschuld (Zahllast) bzw. Erstattungsanspruch

Diese Problemstellungen finden sich in der Inhaltsübersicht des UStG wieder. Der Aufbau des Gesetzes weist eine logische und an der Bearbeitungsweise ustl. Fragen ausgerichtete Struktur auf.

5.3 Steuergegenstand (§ 1 UStG)

5.3.1 Lieferungen und sonstige Leistungen (§ 1 Abs. 1 Nr. 1 UStG)

Den Steuergegenstand der USt bilden Verkehrsvorgänge, die als Umsätze bezeichnet werden. Dazu zählen als erste Gruppe die Lieferungen und sonstigen Leistungen. Nachrangige Ergänzungstatbestände sind die „unentgeltlichen Wertabgaben". Hinzu kommen die Einfuhr von Gegenständen aus dem Drittlandsgebiet und der innergemeinschaftlicher Erwerb (vgl. Abschn. 5.13).

Steuerbare Umsätze			
Haupttatbestände		Einfuhr aus Drittland, § 1 Abs. 1 Nr. 4 UStG	innergemeinschaftlicher Erwerb, §§ 1 Abs.1 Nr. 5, 1a UStG
Lieferung, § 1 Abs. 1 Nr. 1 UStG	sonstige Leistung, § 1 Abs. 1 Nr. 1 UStG		
Ergänzungstatbestände (unentgeltliche Wertabgaben)			
Unentgeltliche Lieferungen § 3 Abs. 1b UStG	Unentgeltliche sonstige Leistungen § 3 Abs. 9a UStG		

Zur steuerlichen Erfassung (Steuerbarkeit) der Umsätze kommt es nur, wenn sämtliche der in § 1 UStG aufgeführten Tatbestandsmerkmale erfüllt sind. Gemeinsame Merkmale gelten für Lieferungen und sonstige Leistungen: Sie müssen von einem Unternehmer, im Rahmen seines Unternehmens gegen Entgelt im Inland vorgenommen worden sein, um der USt zu unterliegen.

Den Unternehmer kennzeichnet es, dass er selbständig eine wirtschaftliche Tätigkeit ausübt, mit der nachhaltig Einnahmen erwirtschaftet werden sollen (§ 2 Abs. 1 Satz 1 UStG). Die erforderliche Nachhaltigkeit einer gewerblichen oder beruflichen Tätigkeit ist gegeben, wenn sie als planmäßiges Handeln erfolgt und sich wie das Verhalten eines Händlers am Markt darstellt.

Beispiele: selbständiger Einzelhändler, selbständiger Freiberufler, gewerbliches Unternehmen in der Rechtsform einer GmbH u. a.

Ein Unternehmer kann mehrere Betriebe unterhalten oder freiberufliche Tätigkeiten ausüben. In umsatzsteuerlicher Betrachtung bilden sie jedoch ein einheitliches Unternehmen (Grundsatz der Unternehmenseinheit nach § 2 Abs. 1 Satz 2 UStG). Zwischen den einzelnen Betrieben erfolgende Transaktionen stellen als sog. Innenumsätze keine steuerbaren Umsätze dar. Steuerbare Umsätze können erst vorliegen, wenn Leistungen gegenüber einem anderen Beteiligten erbracht werden, der außerhalb des Unternehmens steht. Für das gesamte Unternehmen sind alle Umsätze zusammen zurechnen und in einer einheitlichen Umsatzsteuervoranmeldung oder -jahreserklärung zu deklarieren.

Das UStG soll nur den unternehmerischen Bereich des Unternehmers erfassen. Aktivitäten, die nicht im Rahmen des Unternehmens durchgeführt werden, lösen keine USt aus.

Beispiel:
Ein Rechtanwalt gibt seinen alten Fernseher beim Kauf eines neuen Modells in Zahlung. Dieser Verkauf stellt keinen umsatzsteuerbaren Vorgang dar, da die Rückgabe des Gebrauchtfernsehers nicht den unternehmerischen Bereich des Rechtsanwaltes betrifft. Vielmehr handelt der Rechtsanwalt wie jeder andere Nichtunternehmer im Rahmen seiner Privatsphäre.

Als entgeltlich gilt ein Vorgang, wenn er zwischen zwei (unterschiedlichen) Beteiligten abgewickelt wird, wobei sich die Leistung des Unternehmers und die Gegenleistung wechselseitig bedingen. An der Entgeltlichkeit fehlt es z. B. bei Erbschaften, Schenkungen und echtem Schadensersatz.

Der deutschen USt unterliegen nur die im Inland ausgeführten Leistungen. Aus umsatzsteuerlicher Sicht werden das Inland, das übrige Gemeinschaftsgebiet (die anderen EU-Staaten) sowie Drittländer unterschieden. Zum Inland gehört das Hoheitsgebiet der Bundesrepublik Deutschland abzüglich bestimmter Sondergebiete wie z. B. Freihäfen, Insel Helgoland u. a. (§ 1 Abs. 2 UStG).

Nach Klärung der den beiden Leistungsarten gemeinsamen Tatbestandsmerkmale müssen nun die Lieferungen von den sonstigen Leistungen unterschieden werden. Ustl. Auswirkungen hat der Unterschied zwischen ihnen hinsichtlich des Ortes der Leistung, bei Steuerbefreiungsvorschriften und teilweise bei den Steuersätzen.

Lieferungen bestehen in der „Verschaffung der Verfügungsmacht an einem Gegenstand" (§ 3 Abs. 1 UStG). Regelmäßig geschieht das durch die Übertragung des Eigentums. Bei beweglichen Gegenständen also mittels Einigung und Übergabe bzw. durch Übergabesurrogate. Aber auch die Einräumung des bloßen wirtschaftlichen Eigentums ohne Übergang des rechtlichen stellt eine Lieferung dar (z. B. Verkauf unter Eigentumsvorbehalt).

Der Ort der Lieferung ist abhängig davon, ob der Gegenstand bei der Lieferung bewegt wird, d. h. entweder befördert oder versendet wird (§ 3 Abs. 6 UStG). Typische Beförderungsfälle liegen vor, wenn der Unternehmer die Ware entweder persönlich zum Abnehmer bringt oder sie durch einen Mitarbeiter dorthin bringen lässt. Gleiches gilt bei persönlicher Abholung durch den Abnehmer oder dessen Mitarbeiter. Versendungen sind gegeben, wenn Abnehmer oder Lieferer den Transport durch einen selbständigen Beauftragten ausführen lassen (§ 3 Abs. 6 Satz 3 UStG). Im Falle bewegter Lieferungen ist der Ort des Beginns der Beförderung oder Versendung maßgeblich (§ 3 Abs. 6 Satz 1 UStG).

Beispiel:
Ein Maschinenhersteller in Würzburg verkauft eine Werkzeugmaschine an einen Abnehmer in Basel. Der Verkäufer lässt den Transport durch einen selbständigen Spediteur ausführen, der die Maschine vom Firmengelände in Würzburg abholt. Bei diesem Versendungskauf ist der Ort der Lieferung dort, wo die Versendung beginnt (§ 3 Abs. 6 Satz 1 UStG). Die Versendung beginnt gem. § 3 Abs. 6 Satz 4 UStG mit der Übergabe der Sache an den selbständigen Spediteur, d. h. in Würzburg. Obwohl die Maschine in die Schweiz verkauft wird, ist der Ort der Lieferung durch § 3 Abs. 6 UStG ins Inland „vorverlegt", so dass es sich um einen steuerbaren Umsatz handelt.

Wird der zu liefernde Gegenstand nicht bewegt, wie das bei Montagelieferungen und Übergabesurrogaten möglich ist, oder bei der Lieferung von Grundstücken den Regelfall darstellt, kommt es darauf an, wo sich der Gegenstand zum Zeitpunkt der Verschaffung der Verfügungsmacht befindet (§ 3 Abs. 7 UStG). Anwendungsfälle liegen in der Vereinbarung eines Besitzkonstituts (§ 930 BGB) oder der Abtretung des Herausgabeanspruchs (§ 931 BGB). In gleicher Weise wird der Eigentumsübergang mittels Übergabe von sog. Traditionspapieren (z. B. Lagerschein, Konnossement) behandelt.

Abzustellen ist dabei auf den Übergang des rechtlichen, ersatzweise des wirtschaftlichen Eigentums.

Beispiel:
V und K mit jeweiligem Geschäftssitz in Frankfurt am Main einigen sich über den Verkauf einer Partie Kaffee, die zum Zeitpunkt des Vertragsabschlusses auf einen Containerfrachter in Rio de Janeiro verladen wird. Verkäufer V übergibt K in seinem Büro das Konnossement. Gem. § 3 Abs. 7 UStG ist der Ort der Lieferung dort, wo sich die Ware zur Zeit des Eigentumsübergangs, also bei Übergabe der Traditionspapiere befindet. Das ist Rio de Janeiro. Der Ort der Lieferung liegt nicht im Inland. Die Lieferung ist folglich nicht steuerbar.

Typische Anwendungsfälle der sonstigen Leistungen sind Dienstleistungen wie sie von Steuerberatern, Rechtsanwälten, Ärzten, Werbeagenturen u. a. erbracht werden. Ebenso zählen zu ihnen Vermietungsleistungen, Beförderungsleistungen (z. B. durch die Deutsche Bahn AG), Vermittlungsleistungen (z. B. durch Handelsvertreter) und die Darlehensgewährung.

Zur Bestimmung des Orts der sonstigen Leistung ist danach zu unterscheiden, ob die Leistung gegenüber einem anderen Unternehmer für dessen Unternehmen erbracht wird (Business-to-Business-Umsätze, B2B) oder ob gegenüber einem Endverbraucher (Business-to-Customer-Umsätze, B2C) geleistet wird. In der ersten Fallgruppe gilt die Grundregel des Empfängersitzortprinzips. Die sonstige Leistung wird am Ort des die Leistung empfangenden Unternehmers ausgeführt (§ 3a Abs. 2 UStG).

Andererseits werden B2C-Umsätzen dort ausgeführt, wo der leistende Unternehmer seinen Sitz hat.

Durch ein differenziertes System von speziellen Regelungen wird allerdings vielfach ein davon abweichender Leistungsort festgelegt. Für die Lösung praktischer Fälle empfiehlt sich folgende Reihenfolge der Arbeitsschritte.

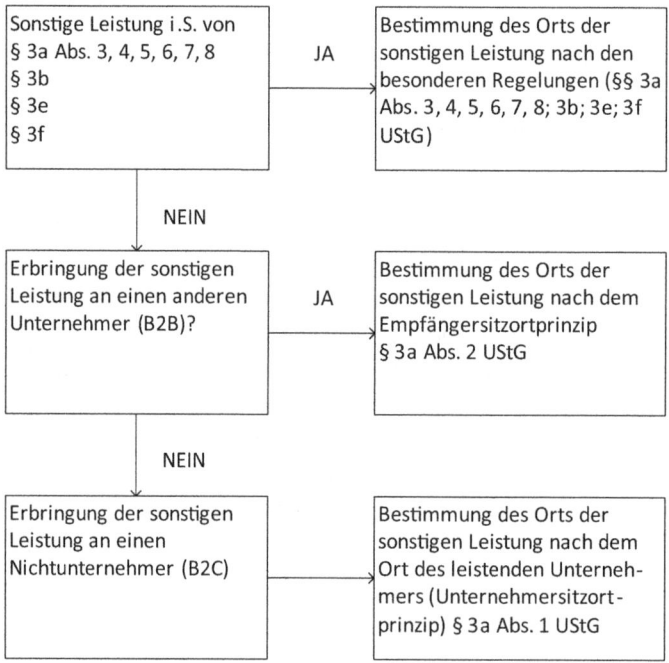

5.3.2 Unentgeltliche Wertabgaben (§ 3 Abs. 1b, Abs. 9a UStG)

Sofern der Unternehmer Leistungen für sein Unternehmen bezieht, steht ihm dafür grundsätzlich der Vorsteuerabzug zu. Verwendet er jedoch anschließend diese Leistungen für außerunternehmerische (private) Zwecke, muss er umsatzsteuerlich wie jeder andere Endverbraucher behandelt werden; d. h. die Waren oder Leistungen, die er für sich selbst entnimmt, müssen mit Umsatzsteuer belastet werden. Ansonsten entstünde eine Besteuerungslücke. Das zu verhindern ist die Aufgabe der o. g. Ergänzungstatbestände.

Bei der Gegenstandsentnahme (§ 3 Abs. 1 b Nr. 1 UStG) erfolgt die willentliche Entnahme von Gegenständen durch den Unternehmer aus dem Unternehmensbereich für außerunternehmerische Zwecke. Das geschieht z. B. bei einem Einzelhändler, der seinem Geschäft Waren zur privaten Nutzung oder den eigenen Konsum entnimmt. Dem gleich gestellt sind die unentgeltliche Zuwendung von Gegenständen an Mitarbeiter für deren privaten Bedarf (§ 3 Abs. 1b Nr. 2 UStG) sowie die unentgeltliche Zuwendung von Gegenständen für Zwecke des Unternehmens (§ 3 Abs. 1b Nr. 3 UStG).

Voraussetzung für die Steuerbarkeit der unentgeltlichen Abgabe ist es, dass die Gegenstände zum Vorsteuerabzug berechtigt haben (§ 3 Abs. 1b Satz 2 UStG). Der Leistungsort befindet sich dort, wo der Unternehmer sein Unternehmen betreibt (§ 3f UStG). Grundsätzlich kommen bei Entnahme und Zuwendungen von Gegenständen die Steuerbefreiungen nach § 4 UStG in Betracht.

Für außerunternehmerische Belange kann der Unternehmer ferner Gegenstände nutzen, die zum Unternehmensvermögen gehören, oder sonstige Leistungen durch seinen Betrieb vornehmen lassen (§ 3 Abs. 9a UStG). Zu denken ist hier an einen Rechtsanwalt, der einen ihn privat betreffenden Prozess über seine Kanzlei führt oder den Inhaber einer Kfz-Werkstatt, der im eigenen Betrieb den PKW seiner Ehefrau reparieren lässt. Der Leistungsort bestimmt sich wiederum nach dem Sitzort des leistenden Unternehmers (§ 3f UStG).

5.3.3 Einfuhr (§ 1 Abs. 1 Nr. 4 UStG)

Weiterhin unterliegt die Einfuhr von Gegenständen im Inland der USt in Form der Einfuhrumsatzsteuer (EUSt). Dazu bedarf es einer tatsächlichen Warenbewegung aus dem Drittlandsgebiet in das Inland. Mit dem Tatbestand der Einfuhr soll verhindert werden, dass ausländische Waren aus einem Drittland unversteuert an den inländischen Letztverbraucher gelangen. Die Einfuhrumsatzsteuer bewirkt, dass Auslands- und Inlandswaren gleichmäßig mit USt belastet werden. Ihre Verwaltung erfolgt durch die Zollbehörden (Hauptzollämter). Für die entrichtete EUSt steht dem Unternehmer ggf. der Vorsteuerabzug zu (§ 15 Abs. 1 S. 1 Nr. 2 UStG).

Als bewegte Lieferung weist die Einfuhr regelmäßig einen Lieferort außerhalb des Inlands auf (§ 3 Abs. 6 UStG). Über die Sonderregelung nach § 3 Abs. 8 UStG wird der Lieferort allerdings in das Inland verlegt. Sofern nämlich der Lieferer oder sein Beauftragter Schuldner der EUSt ist, gilt die Lieferung als im Inland ausgeführt. Maßgeblich dafür sind die Lieferbedingungen. Wurde z. B. „verzollt und versteuert" geliefert, tritt der Lieferer als Zollbeteiligter auf und schuldet die EUSt. Die Regelung bezweckt die Absicherung der EUSt auf den vollen Wert der Lieferung und verwaltungstechnische Erleichterungen.

Beispiele für die Anwendung der Verlagerung des Lieferorts in das Inland finden sich unter Ziff. 3.13 Abs. 2 UStAE.

5.4 Steuerbefreiungen (§§ 4, 4b, 5 UStG)

Wenn alle Tatbestandsmerkmale dafür erfüllt sind, dass ein Umsatz der USt unterliegt, spricht man davon, dass er steuerbar ist. Ob es allerdings zu seiner steuerlichen Erfassung kommt, ist vom Vorliegen einer Steuerbefreiung abhängig. Steuerbefreiungsvorschriften sind vorrangig aus wirtschafts-, sozial- und kulturpolitischen Gründen eingeführt worden. In engem Zusammenhang mit der Steuerbefreiung der Ausgangsumsätze steht der Vorsteuerabzug für die empfangenen Leistungen. Entsprechend sind Steuerbefreiungen der Ausgangsumsätze zu unterscheiden bei denen:

- der Vorsteuerabzug zulässig ist,
- der Vorsteuerabzug durchgängig ausgeschlossen ist,
- der Vorsteuerabzug zwar zunächst ausgeschlossen ist, es dem leistenden Unternehmer jedoch offen steht, auf die Steuerbefreiung zu verzichten (Option für die Umsatzbesteuerung nach § 9 UStG).

Zur ersten Gruppe zählen vor allem die Befreiungen für Exporte und damit verbundene Leistungen in Drittländer sowie innergemeinschaftliche Lieferungen. Sie unterliegen nach dem Bestimmungslandprinzip bei der Einfuhr der USt des importierenden Staates. Um die Exportfähigkeit der inländischen Unternehmen zu erhalten, muss hier eine doppelte Belastung mit USt vermieden werden. Für die Erstellung der exportierten Leistungen steht dem Unternehmer deshalb der Vorsteuerabzug zu, während seine Exportleistung gleichzeitig steuerbefreit ist.

Wichtige Steuerbefreiungen der zweiten Gruppe beziehen sich auf rein inländische Sachverhalte wie z. B. heilberufliche (z. B. ärztliche), soziale und kulturelle (z. B. Theater, Orchester) sowie Schul- und Bildungszwecken dienende (z. B. Privatschulen) Leistungen.

Zur dritten Gruppe zählen die wirtschaftlich bedeutsamen Umsätze nach dem Grunderwerbsteuergesetz, im Geld- und Kreditverkehr sowie Vermietungs- und Verpachtungsumsätze, wenn sie gegenüber einem anderen Unternehmer erbracht werden. Vorteilhaft kann der Verzicht auf eine Steuerbefreiung sein, wenn es dadurch gelingt, Vorsteuern geltend zu machen, deren Abzug ansonsten versagt wäre.

Beispiel:
Der Unternehmer V lässt auf seinem Grundstück ein Gebäude errichten. Die Herstellungskosten betragen 4,0 Mio. € zzgl. 760.000 € USt (19 %). Ab Fertigstellung vermietet V die Räume an andere Unternehmer für unternehmerische und steuerpflichtige Zwecke. V verzichtet nun auf die Steuerfreiheit seiner Vermietungsumsätze. Die Mieteinnahmen belau-

fen sich auf 20.000 € (netto) pro Monat zzgl. der darauf anfallenden USt von 3.800 € (19 %). Durch die Option für die Besteuerung erlangt V den Vorsteuerabzug und erhält vom Finanzamt die auf den Herstellungskosten lastende USt von 760.000 € erstattet. Seine Mieter haben keinen Nachteil daraus, dass V die Vermietungsumsätze der USt unterwirft, da ihnen genau wie V der Vorsteuerabzug zusteht.

5.5 Bemessungsgrundlage (§ 10 UStG)

Die vom Unternehmer auf seine Umsätze geschuldete USt ergibt sich durch Multiplikation der Bemessungsgrundlage mit dem Steuersatz. Für die wichtigsten Umsätze gelten die folgenden Bemessungsgrundlagen:

Art des Umsatzes	Bemessungsgrundlage
Lieferungen und sonstige Leistungen; innergemeinschaftlicher Erwerb	Entgelt (§ 10 Abs. 1 UStG)
unentgeltliche Lieferung	Einkaufspreis oder Selbstkosten (§ 10 Abs. 4 Nr. 1 UStG)
unentgeltliche Dienstleistungen	entstandene Ausgaben (§ 10 Abs. 4 Nr. 2 UStG)

Entgelt ist die Summe aller Aufwendungen, die der Leistungsempfänger tatsächlich tätigt, um die Leistung zu erhalten, jedoch abzüglich der USt. Zahlt ein Mandant also an einen Steuerberater ein Beratungshonorar von insgesamt 4.760 €, so beträgt das ustl. Entgelt 4.000 € (4.760 €/1,19 = 4.000 €).

Bei den unterschiedlichen unentgeltlichen Wertabgaben fehlt es an einem Entgelt. Als Ersatzbemessungsgrundlagen dienen der Wiederbeschaffungspreis im Entnahmezeitpunkt bzw. die Selbstkosten bei eigener Herstellung. Der Leistungseigenverbrauch wird anhand der Ausgaben, die er verursacht hat, bewertet. Aus der Berechnungsbasis sind dabei diejenigen Kosten auszuscheiden, bei denen der Vorsteuerabzug nicht möglich war.

Mit Hilfe einer Mindestbemessungsgrundlage werden ungerechtfertigte Steuervorteile bei verbilligten Leistungen des Unternehmers an Gesellschafter bzw. ihm nahe stehende Personen verhindert (§ 10 Abs. 5 UStG).

5.6 Steuersätze (§ 12 UStG)

Im UStG werden zwei Steuersätze unterschieden. Der Regelsteuersatz von 19 v. H. (seit 1.1.2007) auf die Bemessungsgrundlage ist zu verwenden, solange nicht der ermäßigte Satz von 7 v. H. zur Anwendung kommt. Die niedrigere Besteuerung erfolgt aus wirtschafts- und sozialpolitischen Gründen im Wesentlichen bei land- und forstwirtschaftlichen Erzeugnissen, Lebensmitteln (außer Verzehr an Ort und Stelle), Verlagserzeugnissen (z. B. Bücher, Zeitschriften) sowie Kunstgegenständen und Sammlungen (§ 12 Abs. 2 UStG). In der Anlage 2 zum UStG sind die Gegenstände, deren Lieferung, Einfuhr, innergemeinschaftlicher Erwerb bzw. deren Vermietung dem ermäßigten Steuersatz unterliegen, aufgeführt.

5.7 Erteilung einer Rechnung (§§ 14, 14a UStG)

Über die von ihm erbrachten Leistungen muss der Unternehmer – zumindest wenn er an andere Unternehmer für deren unternehmerische Zwecke leistet – eine Rechnung ausstellen. Das gilt auch für bestimmte Leistungen gegenüber privaten Endverbrauchern (§ 14 Abs. 2 Nr. 1 UStG). Diese Rechnung ist für den Leistungsempfänger eine der Voraussetzungen, um den Vorsteuerabzug in Anspruch nehmen zu können. Es ist im Einzelnen geregelt, welche Angaben eine Rechnung zu enthalten hat (§ 14 Abs. 4 UStG). Vereinfachungsmöglichkeiten bestehen für sog. Kleinbetragsrechnungen (Gesamtrechnungsbetrag incl. USt bis 150 €). Hier reicht es z. B. aus, wenn statt des Steuerbetrags der angewendete Steuersatz angegeben wird (§ 33 UStDV).

Rechnungen können in unterschiedlicher Form erstellt werden. Neben der ursprünglichen Schriftform kommen die Übermittlung auf elektronischem Weg oder der elektronische Datenaustausch (EDI) in Betracht. Elektronische Rechnungen z. B. in Form von E-Mails müssen besonderen Anforderungen entsprechen, damit Echtheit ihrer Herkunft und Unversehrtheit des Inhalts sichergestellt sind (§ 14 Abs. 3 UStG).

Erweiterten Anforderungen haben Rechnungen über innergemeinschaftliche Lieferungen und Dienstleistungen zu genügen (§ 14a UStG).

5.8 Vorsteuerabzug (§ 15 UStG)

5.8.1 Abzugsfähigkeit der Vorsteuer

Der Vorsteuerabzug gibt dem Leistungsempfänger die Möglichkeit, die ihm für bezogene Leistungen von anderen Unternehmern in Rechnung gestellte Umsatzsteuer als Vorsteuer abzuziehen (§ 15 Abs. 1 Nr. 1 UStG). Mit dem Vorsteuerabzug soll die Kostenneutralität der Umsatzsteuer innerhalb der Unternehmerkette bewirkt werden. Der Abzug der Vorsteuer beim Leistungsempfänger bestimmt sich nach dem folgenden Schema:

5.8 Vorsteuerabzug (§ 15 UStG)

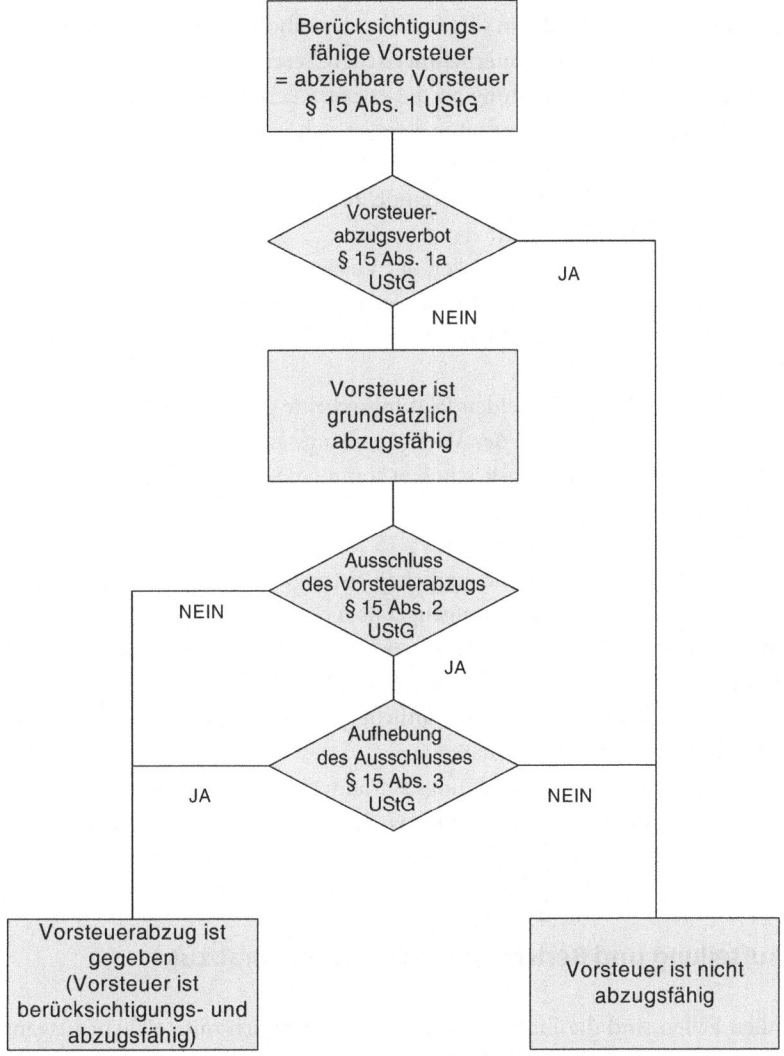

Als berücksichtigungsfähig und damit abziehbar gilt die Vorsteuer, wenn folgende Voraussetzungen erfüllt sind: Die Leistung muss von einem Unternehmer für das Unternehmen des Leistungsempfängers ausgeführt worden sein. Seine Berechtigung zum Vorsteuerabzug muss der Leistungsempfänger durch Vorlage der Rechnung i. S. des § 14 UStG nachweisen.

Hinsichtlich des Merkmals eines Leistungsbezugs für das Unternehmen sind Leistungen, die gleichzeitig unternehmerische wie nichtunternehmerische Bezüge aufweisen, klärungsbedürftig. Bei der Lieferung vertretbarer Sachen und sonstigen Leistungen erfolgt eine sofortige Aufteilung des Vorsteuerbetrags in einen nichtabziehbaren und einen abziehbaren Anteil (Ziff. 15.2 Abs. 21 Nr. 1 UStAE). Für einheitliche Gegenstände steht dem Unternehmer ein Wahlrecht zu. Er kann sie gänzlich oder teilweise dem Unternehmensvermögen oder insgesamt seinem nichtunternehmerischen Bereich zuordnen. In der Ausübung des Wahlrechts besteht keine Bindung an die ertragsteuerliche Behandlung als Betriebs- oder Privatvermögen. Aus der Zuordnung ergeben sich umsatzsteuerliche Konsequenzen für den Vorsteuerabzug und eine spätere Veräußerung des Gegenstands sowie die Entnahme und Nutzung für unternehmensfremde Zwecke. Einzelheiten dazu sind in Ziff. 15.2 Abs. 21 Nr. 1 UStAE aufgeführt.

Trotz zunächst gegebener Abziehbarkeit der Vorsteuer kann ein Abzugsverbot zur Versagung des Vorsteuerabzugs führen (§ 15 Abs. 1a UStG). Derartige Abzugsverbote beziehen sich vorrangig auf Aufwendungen, deren Abzug als Betriebsausgabe durch einkommensteuerliche Vorschriften versagt ist.

Nach Durchlaufen der ersten beiden Prüfungsschritte gilt die Vorsteuer als grundsätzlich abzugsfähig. Zum Ausschluss des Vorsteuerabzugs kann es jetzt in Zusammenhang mit Steuerbefreiungen der Ausgangsleistungen kommen. Sofern nämlich die Vorsteuer auf Leistungsbezügen lastet, ist ihr Abzug ausgeschlossen, wenn diese Eingangsleistungen dazu dienen, steuerfreie Umsätze zu erbringen (§ 15 Abs. 2 UStG). Folglich steht einem niedergelassenen Arzt, der steuerbefreite ärztliche Leistungen erbringt (§ 4 Nr. 14 UStG) der Vorsteuerabzug beim Erwerb eines Röntgengeräts nicht zu.

Für eine Reihe genau bestimmter Fälle wird der nach § 15 Abs. 2 UStG eintretende Ausschluss des Vorsteuerabzugs wieder aufgehoben (§ 15 Abs. 3 UStG). Das gilt z. B. für Ausfuhrlieferungen sowie innergemeinschaftliche Lieferungen, um die Konkurrenzfähigkeit der deutschen Erzeugnisse zu erhalten.

Die Vorsteuer ist in dem Voranmeldungszeitraum geltend zu machen, in dem erstmals sämtliche Voraussetzungen des Vorsteuerabzugs gegeben sind. Technisch geschieht das innerhalb der USt-Voranmeldung durch Verrechnung mit der USt-Schuld.

5.8.2 Aufteilung und Berichtigung des Vorsteuerabzugs

Nicht in allen Fällen sind die Eingangsumsätze ausschließlich mit solchen Ausgangsumsätzen verbunden, die entweder zum Vorsteuerabzug berechtigen oder ihn versagen. Vielmehr sind Leistungsbezüge vorzufinden, die mit beiden Arten von Umsätzen in Verbindung stehen. Dann bedarf es der Aufteilung von Vorsteuerbeträgen. Dadurch wird die Vorsteuer teilweise abzugsfähig, teilweise ist ihr Abzug versagt (§ 15 Abs. 4 UStG). Zur Aufteilung bedarf es einer sachgerechten Schätzung, die anhand geeigneter Maßstäbe vorzunehmen ist. Sinnvolle Aufteilungsschlüssel lassen sich z. B. aus der betrieblichen Kostenrechnung ableiten. Bei Gebäuden kommt eine Aufteilung der Vorsteuern nach dem Verhältnis der Nutzflächen, Baukosten oder hilfsweise der Ausgangsumsätze in Betracht (Ziff. 15.17 Abs. 7 UStAE).

5.8 Vorsteuerabzug (§ 15 UStG)

Beispiel:
Die Eheleute G. und E. Prudent lassen auf einem ihnen bereits gehörenden Grundstück in der Innenstadt von Einbeck durch einen Bauträger ein Gebäude errichten. Es umfasst drei gleich große Wohnungen. Der Werklohn für die Errichtung des Gebäudes beläuft sich auf 535.500 €. Darin ist die gesetzliche Umsatzsteuer (19 %) von 85.500 € enthalten. Das Gebäude ist zum 1.10.2011 bezugsfertig geworden.

Die Wohnung im Erdgeschoss wird an einen Orthopäden vermietet, der dort seine Praxis betreibt. Das erste Stockwerk bezieht ein Rechtsanwalt mit seiner Kanzlei. Die im zweiten Stock gelegene Wohnung mietet ein Lehrer mit seiner Familie für eigene Wohnzwecke. Alle Mietverhältnisse beginnen zum 1.10.2011.

Nach Option für die Umsatzbesteuerung der Vermietung an den Rechtsanwalt (§ 9 UStG) können die Eheleute Prudent die anteilig auf die Vermietung dieser Wohnung angefallene Vorsteuer geltend machen. In Aufteilung nach dem Verhältnis der Nutzflächen entspricht das einem Drittel und damit einem Betrag von 28.500 €. Ein weiter gehender Vorsteuerabzug ist ausgeschlossen.

Über den Vorsteuerabzug ist im Zeitpunkt des Leistungsbezugs abschließend zu entscheiden.

Sofern sich die Bedingungen für den Vorsteuerabzug bei Gegenständen des Anlagevermögens in der Folgezeit ändern, käme es zu einem unzutreffenden Vorsteuerabzug. Das kann sich zu Gunsten wie zu Ungunsten des Steuerpflichtigen auswirken. Über eine Berichtigung erfolgt in derartigen Fällen eine Anpassung des Vorsteuerabzugs an die veränderten Verhältnisse (§ 15a UStG). Korrekturen sind lediglich während des Berichtigungszeitraums vorzunehmen, der bei Gebäuden 10 Jahre und bei anderen Wirtschaftsgütern max. 5 Jahre umfasst.

Beispiel:
Im vorangegangenen Beispiel zieht der Lehrer am 31.12.2012 aus der Wohnung im Hause der Eheleute Prudent aus. Ab dem 1.1.2013 wird die Wohnung als Büro an einen Immobilienmakler unter Verzicht auf die Steuerbefreiung nach § 4 Nr. 12 Buchst. a UStG vermietet.

Hier liegt eine Änderung der für den Vorsteuerabzug maßgeblichen Verhältnisse während des Berichtigungszeitraums vor. Den Eheleuten Prudent steht ab dem 1.1.2013 auf Grund der auf zwei Drittel der Nutzfläche erweiterten steuerpflichtigen Vermietung ein entsprechend erhöhter Vorsteuerabzug zu. Die notwendige Vorsteuerkorrektur beläuft sich für das Jahr 2013 auf 2.850 € (jahresbezogener Vorsteuerbetrag: 85.500 €/10 = 8.550 €. Anstieg der zum Vorsteuerabzug berechtigenden Vermietung von 1/3 auf 2/3 also von 2.850 € auf 5.700 €).

Die notwendige Berichtigung des Vorsteuerabzugs in Höhe von 2.850 € ist nicht im Voranmeldungsverfahren, sondern erst im Rahmen der Steuerfestsetzung für das Jahr 2013 durchzuführen (§ 44 Abs. 4 Satz 3 UStDV).

5.9 Besteuerungsverfahren

5.9.1 Grundzüge des Verfahrens

Die USt ist eine Veranlagungssteuer. Im Unterschied etwa zur ESt gilt bei ihr das Prinzip der Selbstveranlagung. Der Unternehmer muss nach Ablauf des Kalenderjahrs (= Veranlagungszeitraum) eine Jahreserklärung abgeben. Darin errechnet er aufgrund der getätigten Umsätze sowie der angefallenen Vorsteuern die Steuerschuld bzw. den Erstattungsanspruch.

Durch die sog. USt-Voranmeldung wird die ansonsten jahresbezogene Besteuerung in zeitlicher Hinsicht ergänzt. Im Rhythmus der Voranmeldungszeiträume (i. d. R. der Kalendermonat) sind USt-Voranmeldungen beim Finanzamt einzureichen (§ 18 UStG). Analog zur Jahreserklärung wird in ihnen die monatliche Zahllast errechnet, die durch Vorauszahlungen zu tilgen ist.

Hierfür gilt es zu klären, wann die USt entstanden ist, um sie dem richtigen Voranmeldungszeitraum zuordnen zu können. Zu unterscheiden ist dafür zwischen den Besteuerungsarten der Soll- und Ist-Besteuerung. In der gewerblichen Wirtschaft erfolgt die Besteuerung i. d. R. als sog. Soll-Besteuerung nach den vereinbarten Entgelten (§ 16 Abs. 1 UStG). Dabei entsteht die USt für Leistungen mit Ablauf des Voranmeldungszeitraums, in dem sie erbracht wurden (§ 13 Abs. 1 Nr. 1 Buchst. a UStG). Unabhängig vom Zahlungseingang seitens des Kunden muss der leistende Unternehmer die USt ggf. vorfinanzieren.

Beispiel:
Schreinermeister S hat Ende Januar eine Baustelle abgeschlossen und dem Bauherrn die Rechnung über 11.900 € (= Bruttobetrag) übersendet. In der USt-Voranmeldung für den Monat Januar muss S den Umsatz anmelden und schuldet daraus Umsatzsteuer i. H. v. 1.900 €. Die Zahlungspflicht besteht unabhängig davon, wann er die Rechnung erstellt und sein Kunde bezahlt.

Das Prinzip der Sollbesteuerung wird allerdings bei Anzahlungen durchbrochen. Hier entsteht die Umsatzsteuer mit Ablauf des Voranmeldungszeitraums, in dem das Entgelt vereinnahmt wurde (§ 13 Abs. 1 Nr. 1 Buchst. a S. 4 UStG).

Beispiel:
Bauunternehmer B hat es übernommen, für den Auftraggeber A ein Gebäude zu errichten. Nach Fertigstellung des Kellers ist eine Abschlagszahlung vereinbart. B erstellt die Anforderung der Abschlagszahlung über 30.000 € zuzüglich der USt (19 %) von 5.700 € unter dem Datum vom 28.9.2012. A zahlt den Gesamtbetrag von 35.700 € am 16.10.2012.

Die USt für die erhaltene Anzahlung entsteht im Oktober 2012. B muss sie in seiner Voranmeldung für den Oktober 2012 erklären und schuldet aus dem Vorgang den Betrag von 5.700 € an USt.

Bei der Ist-Besteuerung, die auf vereinnahmten Entgelten beruht, entsteht die USt mit Ablauf des Voranmeldungszeitraums, in dem das Entgelt vereinnahmt wurde (§ 13 Abs. 1

Nr. 1 Buchst. b UStG). Dieses Verfahren ist für alle Freiberufler und auf Antrag für kleinere Gewerbetreibende anwendbar (§ 20 UStG).

Die USt-Voranmeldung ist bis zum 10. Tag nach Ablauf des Voranmeldungszeitraums abzugeben (§ 18 Abs. 1 S. 1 UStG). Ebenfalls zu diesem Termin sind die ermittelten Vorauszahlungen zu leisten (§ 18 Abs. 1 S. 4 UStG). Eine Dauerfristverlängerung um einen Monat ist bei Entrichtung einer Sondervorauszahlung möglich (§§ 46 bis 48 UStDV). Sie beläuft sich auf 1/11 der Summe der Vorauszahlungen für das Vorjahr. Die Sondervorauszahlung wird mit Vorauszahlung für den Dezember eines Jahres verrechnet.

USt-Voranmeldungen und Jahreserklärung sind formal Steueranmeldungen mit dem Charakter von Steuererklärungen (§§ 150 Abs. 1, 168 AO). Der Steuerfestsetzung durch Steuerbescheid bedarf es nur, wenn das Finanzamt von den Steueranmeldungen abweichen will. Steueranmeldungen im Bereich der USt sind auf elektronischem Weg zu übermitteln. Seitens der Finanzverwaltung wird die dafür erforderliche Software zur Verfügung gestellt.

5.9.2 Kleinunternehmer (§ 19 UStG)

Das UStG erlegt dem Unternehmer weitgehende Pflichten auf. Der daraus resultierende Verwaltungsaufwand ist jedoch nur bei Unternehmen einer gewissen Größe gerechtfertigt. Daher ist der sog. Kleinunternehmer von der Umsatzsteuer entbunden. Derjenige Unternehmer, dessen Umsatz im Vorjahr geringer als 17.500 € war und der im laufenden Jahr wahrscheinlich weniger als 50.000 € erzielen wird, gilt als Kleinunternehmer (§ 19 Abs. 1 UStG). Sollte sich die Umsatzschätzung für den laufenden Zeitraum als falsch erweisen, bleibt es für das laufende Jahr dennoch bei der Kleinunternehmerregelung (Ziff. 19.2 Abs. Abs. 3 UStAE). Die Regelung betrifft z. B. Existenzgründer, deren Geschäftsvolumen noch sehr gering ist oder Personen, die nebenberuflich einer selbständigen Tätigkeit nachgehen. Der Kleinunternehmer wird umsatzsteuerlich wie ein Nichtunternehmer behandelt. Er braucht auf seine Lieferungen und Leistungen keine USt abzuführen, darf aber auch keinen Vorsteuerabzug geltend machen und ist nicht zum gesonderten USt-Ausweis in Rechnungen berechtigt. Er unterliegt nicht dem Voranmeldungsverfahren, ist jedoch zur Abgabe einer vereinfachten Jahreserklärung verpflichtet.

Der Kleinunternehmer hat allerdings das Recht, zur Umsatzsteuer zu optieren und dann wie ein Regelunternehmer mit Umsatzsteuerpflicht und Vorsteuerabzugsmöglichkeit behandelt zu werden. Diese Option wird er dann wahrnehmen, wenn er Investitionen vornehmen will, auf denen erhebliche Vorsteuern lasten. An die Option ist er für 5 Jahre gebunden.

Beispiel:
Arbeitnehmer A will im Nebenberuf als Handelsvertreter tätig sein. Der Umfang des Geschäfts wird im ersten Jahr der Tätigkeit sicherlich unter 17.500 € liegen. A muss aber zunächst eine Büroeinrichtung mit PC-Anlage, einen PKW u. a. anschaffen. Da auf den Eingangsrechnungen Vorsteuer lastet, wird die Option zur USt sinnvoll sein, denn sie führt

dazu, dass A diese Vorsteuern vom Finanzamt erstattet bekommt. Nun unterliegen seine Leistungen zwar der Umsatzsteuer. Da er diese jedoch seinen Kunden in Rechnung stellt, wird er dadurch nicht belastet.

5.9.3 Steuerschuldnerschaft des Leistungsempfängers (§ 13b UStG)

Steuerschuldner der USt ist im Regelfall der leistende Unternehmer (§ 13a Abs. 1 Nr. 1 UStG). Abweichend davon tritt für bestimmte steuerpflichtige Umsätze die Steuerschuldnerschaft des Leistungsempfängers ein, sofern er Unternehmer ist (§ 13b UStG). Erfasst werden von dieser Regelung vorrangig Werklieferungen und sonstige Leistungen, die im Ausland ansässige Unternehmer im Inland erbringen und Bauleistungen. Dadurch soll das Steueraufkommen gesichert werden.

Der in derartigen Fällen leistende Unternehmer hat eine Rechnung ohne Ausweis der USt zu erteilen und auf die Steuerschuldnerschaft des Leistungsempfängers hinzuweisen. Danach muss der Leistungsempfänger die USt berechnen und anmelden. Die Steuer entsteht grds. mit Ausstellung der Rechnung, spätestens jedoch mit Ablauf des auf die Ausführung der Leistung folgenden Kalendermonats (§ 13b Abs. 2 UStG).

Entsprechend den allgemeinen Regeln steht dem Leistungsempfänger der Vorsteuerabzug für die nach § 13b Abs. 5 UStG geschuldete USt zu (§ 15 Abs. 1 Nr. 4 UStG).

Beispiel:
Die Baldi OHG, Dortmund, beauftragt die in London ansässige Anwaltskanzlei McLaw & Partners (McL & P), sie in Fragen ihrer internationalen Expansionsstrategie zu beraten. Nachdem die Beratungsleistungen im Juni 2012 abgeschlossen worden sind, stellt McL & P der Baldi OHG ihre Rechnung über 80.000 € (netto) mit Datum vom 21.6.2012.

McL & P erbringen eine steuerpflichtige Leistung, da sich der Leistungsort im Inland befindet (§ 3a Abs. 2 UStG). Alle weiteren Voraussetzungen zur Anwendung der Umkehrung der Steuerschuldnerschaft nach § 13b UStG sind gegeben. Folglich hat die Baldi OHG auf Grund der ihr erteilten Rechnung für den Voranmeldungszeitraum Juni 2012 die USt in Höhe von 15.200 € (80.000 € × 19 %. = 15.200 €) anzumelden. Gleichzeitig steht ihr der Vorsteuerabzug nach § 15 Abs. 1 Nr. 4 UStG zu.

5.10 Aufzeichnungspflichten (§ 22 UStG)

Das UStG legt verschiedene zusätzliche Aufzeichnungspflichten fest, die über die allgemeinen Anforderungen nach Abgabenordnung und Handelsgesetzbuch hinausgehen. Sie dienen dazu, die vom Unternehmer vorgenommenen Steuerberechnungen auf einfache Weise nachvollziehbar und überprüfbar zu machen. Ganz überwiegend lassen sich die besonderen ustl. Aufzeichnungspflichten durch eine zweckentsprechende Ausgestaltung der Buchführung erfüllen.

Im Einzelnen gelten folgende Anforderungen:

- Aufzeichnung der vereinbarten Entgelte für die Ausgangsleistungen. Dabei ist nach steuerpflichtigen und steuerfreien Umsätzen zu unterscheiden. Die steuerpflichtigen sind ggf. nach den anzuwendenden Steuersätzen zu trennen. Bei der Ist-Besteuerung treten an die Stelle der vereinbarten die vereinnahmten Entgelte. Umsätze, für deren Besteuerung optiert wurde, sind ebenfalls gesondert aufzuführen.
- Aus Gründen der Vollständigkeit der Erfassung der Geschäftsvorfälle bedarf es außerdem der Aufzeichnung der nichtsteuerbaren Umsätze.
- Aufzeichnung der vereinnahmten Entgelte (= Anzahlungen) für noch nicht erbrachte Leistungen. Auch hier hat eine Trennung nach steuerpflichtigen – ggf. getrennt nach Steuersätzen – und steuerbefreiten Vorgängen zu erfolgen.
- Kenntlich zu machen sind die Bemessungsgrundlagen für die unentgeltlichen Wertabgaben.
- Nachträgliche Änderungen der Bemessungsgrundlage (z. B. durch Abzug von Skonto) sind aufzuzeichnen.

Der Vorsteuerabzug ist verbunden mit der Aufzeichnung:

- der Entgelte für die steuerpflichtigen Eingangsumsätze,
- der darauf entfallenden Vorsteuerbeträge; eine Trennung nach Steuersätzen ist hier nicht erforderlich und
- der Entgelte und zugehöriger Umsatzsteuer bei den geleisteten Vorauszahlungen.

5.11 Innergemeinschaftlicher Warenverkehr

5.11.1 Grundlagen

Seit dem 1.1.1993 bilden die Staaten der Europäischen Union einen gemeinsamen Markt. Ohne Behinderung durch Staats- und Zollgrenzen sollen Waren und Dienstleistungen ausgetauscht werden. Folglich dürfen grenzüberschreitende Lieferungen im Gemeinschaftsgebiet nicht länger als Ein- und Ausfuhren behandelt werden. Diese Begriffe gelten nur noch im Verhältnis zu Drittstaaten. Damit entfällt auch die Möglichkeit, Importe im Bestimmungsland der Einfuhrumsatzsteuer zu unterwerfen. Gleichwohl wollten die importierenden Staaten nicht auf das mit den vormaligen Einfuhren verbundene Aufkommen an USt verzichten. Um das zu erreichen, wurden die Tatbestände des innergemeinschaftlichen Erwerbs und der innergemeinschaftlichen Lieferung eingeführt. Sie gewährleisten für eine Übergangszeit die Fortgeltung des Bestimmungslandprinzips beim innergemeinschaftlichen Warenverkehr. Danach erfolgt die Belastung mit USt nach den Verhältnissen des Importstaats, dem auch ihr Aufkommen zusteht.

Der grenzüberschreitende Warenverkehr zwischen dem Inland (= Deutschland) und den übrigen Staaten der EU untergliedert sich wie folgt:

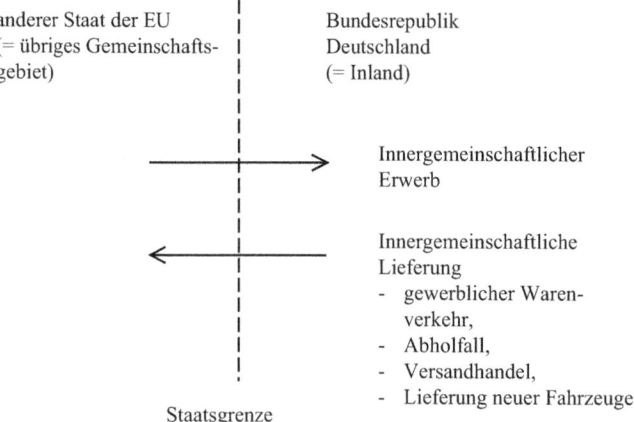

Die Pfeile verdeutlichen die Richtung der Warenbewegung

Grenzüberschreitende Lieferungen innerhalb der Europäischen Union

5.11.2 Innergemeinschaftlicher Erwerb (§§ 1 Abs. 1 Nr. 5; 1a UStG)

Als eigener Tatbestand unterliegt der im Inland und gegen Entgelt erfolgende innergemeinschaftliche Erwerb der USt. In seiner Grundkonstellation erfordert er eine Warenbewegung von einem Mitgliedstaat der EU in einen anderen (= innergemeinschaftliche Warenbewegung). Weiterhin müssen Erwerber und Lieferer Unternehmer sein. Erwerb und Lieferung erfolgen für und im Rahmen des jeweiligen Unternehmens.

Während sich mit der Entgeltlichkeit des Vorgangs keine besonderen Probleme ergeben, wirft der Ort des innergemeinschaftlichen Erwerbs spezielle Fragen auf. Er liegt dort, wo sich der gelieferte Gegenstand am Ende der Beförderung oder Versendung befindet (§ 3d UStG). Unerheblich ist es, von wem die Warenbewegung ausgeführt wird. Damit tritt eine von der bewegten Lieferung abweichende Situation ein. Hier läge der Lieferort dort, wo der Transport beginnt (§ 3 Abs. 6 Satz 1 UStG).

Die Besteuerung des innergemeinschaftlichen Erwerbs erfolgt also beim Abnehmer. Im Gegensatz zur regulären Konstellation wird die USt auf Lieferungen hier im Eingangs- und nicht im Ausgangsbereich des Unternehmens erhoben.

Der innergemeinschaftliche Erwerb erfährt eine Erweiterung in der Erfassung des innergemeinschaftlichen Verbringens (§ 1a Abs. 2 UStG). Dabei werden Gegenstände innerhalb eines Unternehmens aus einem anderen EU-Mitgliedstaat in das Inland verbracht. Betroffen sind Gegenstände des Anlage- sowie des Umlaufvermögens, die endgültig im Inland verbleiben sollen.

Aus den beiden Varianten des innergemeinschaftlichen Erwerbs resultiert für den Erwerber eine USt-Schuld. Andererseits besteht für die Erwerbsteuer die Möglichkeit des Vorsteuerabzugs (§ 15 Abs. 1 Nr. 3 UStG). Da Steuerschuld (§ 13 Abs. 1 Nr. 6 UStG) und der Vorsteuerabzug im selben Zeitpunkt entstehen, fallen sie in denselben Voranmeldungszeitraum und neutralisieren sich ggf. in ihren finanziellen Auswirkungen. Damit führt der innergemeinschaftliche Erwerb zunächst nicht zu einer Umsatzsteuerzahllast. Sobald aber die Ware den unternehmerischen Bereich verlässt, ist der entsprechende Umsatz zu versteuern. Da die innergemeinschaftlichen Grenzkontrollen weggefallen sind, hätte der Fiskus ohne diesen Steuertatbestand keinen Überblick darüber, wie viele Waren über die Grenzen bewegt werden.

Im Gegensatz zur EUSt, deren Verwaltung den Zollbehörden obliegt, wird die Erwerbsteuer von den Finanzbehörden verwaltet.

5.11.3 Innergemeinschaftliche Lieferungen

Vom Standpunkt des Lieferers aus betrachtet, stehen dem innergemeinschaftlichen Warenbezug die entsprechenden Lieferungen gegenüber. Sie können als sog. gewerblicher Warenverkehr, Abhol- oder Versendungsfall ausgestaltet sein. Maßgeblich für die Bestimmung der einschlägigen Variante ist die Person des Abnehmers. Hiervon abhängig ergeben sich unterschiedliche Rechtsfolgen hinsichtlich des Orts der Lieferung und damit des Staates der Besteuerung sowie möglicher Steuerbefreiungen.

Im gewerblichen Warenverkehr erfolgen Lieferungen, sofern der Vorgang beim Abnehmer als innergemeinschaftlicher Erwerb zu behandeln ist (§ 6a UStG). Derartige Lieferungen sind im Herkunftsland von der USt befreit (§ 4 Nr. 1 b UStG). Es wird also das gleiche Ergebnis erreicht wie bei Ausfuhrlieferungen in Drittstaaten. Der Lieferer muss zur Beanspruchung der Steuerfreiheit umfangreiche Dokumentationspflichten erfüllen. Sie umfassen die Erteilung einer besonderen Ausgangsrechnung (§ 14a UStG), buch- und belegmäßige Nachweise (§ 6a Abs. 3 Satz 1 UStG i. V. m. §§ 17a bis 17c UStDV) sowie die Darstellung in der Zusammenfassenden Meldung.

Die Voraussetzungen des innergemeinschaftlichen Erwerbs sind bei grenzüberschreitenden Lieferungen vor allem an Privatpersonen nicht erfüllt. Im Abholfall sorgt der Abnehmer für den Transport der Ware. Der Ort der Lieferung liegt im Inland (§ 3 Abs. 6 UStG). Eine Steuerbefreiung ist nicht gegeben, so dass die Lieferung in Deutschland der USt unterliegt.

Beim Versandhandel erfolgt die Warenbewegung durch den Lieferer. Bedingt durch eine Fiktion, wird der Lieferort in das Bestimmungsland verlegt (§ 3c UStG). Dort ist der Vorgang dann grds. steuerpflichtig. Zur Verlagerung des Ortes der Lieferung in das Bestimmungsland kommt es allerdings nur, sofern die dortigen Lieferschwellen überschritten werden. Für die einzelnen Mitgliedstaaten der EU sind die einschlägigen Lieferschwellen in Ziff. 3c.1 Abs. 3 UStAE aufgeführt.

5.11.4 Zusätzliche Dokumentationspflichten

Der innergemeinschaftliche Warenverkehr ist für die beteiligten Unternehmen mit einer Vielzahl von Dokumentationspflichten verbunden. Sie sind darauf ausgerichtet, trotz Wegfalls der Grenzkontrollen die vollständige steuerliche Erfassung der Transaktionen sicherzustellen.

Zunächst muss der eine innergemeinschaftliche Lieferung ausführende Unternehmer darüber eine besondere Rechnung ausstellen (§ 14a UStG). Hierin ist deutlich zu machen, dass es sich um eine steuerbefreite i. g. Lieferung handelt. Des Weiteren ist die USt-Identifikationsnummer des Abnehmers anzugeben. Zur Erlangung der Steuerbefreiung bedarf es dann noch ergänzender buch- und belegmäßiger Nachweise (§§ 17a, 17c UStDV).

I. g. Lieferungen sind ferner in ihrer Summe in der monatlichen USt-Voranmeldung auszuweisen.

Als weiteres Instrument zur Überwachung des i. g. Warenverkehrs wurde die Zusammenfassende Meldung geschaffen (§ 18a UStG). Sie ist monatlich von Unternehmern, die i. g. Warenlieferungen ausführen, beim Bundeszentralamt für Steuern einzureichen. Darin sind die zusammengefassten Bemessungsgrundlagen der während des Berichtsquartals erfolgten Warenlieferungen an die einzelnen Empfänger aufzuführen.

Diese Informationen werden auf Grundlage des Mehrwertsteuer-Informations-austausch-Systems (MIAS) an die Behörden in den Bestimmungsländern weitergeleitet. Damit ergibt sich die Möglichkeit zu überprüfen, ob die Abnehmer die bei ihnen auftretenden innergemeinschaftlichen Erwerbe ordnungsgemäß versteuert haben. Dazu können die USt-Voranmeldungen der Erwerber mit den Zusammenfassenden Meldungen der Lieferer verglichen werden. Vergleichbare Meldungen sind für innergemeinschaftliche Dienstleistungen zu erstatten (§ 18a Abs. 2 UStG).

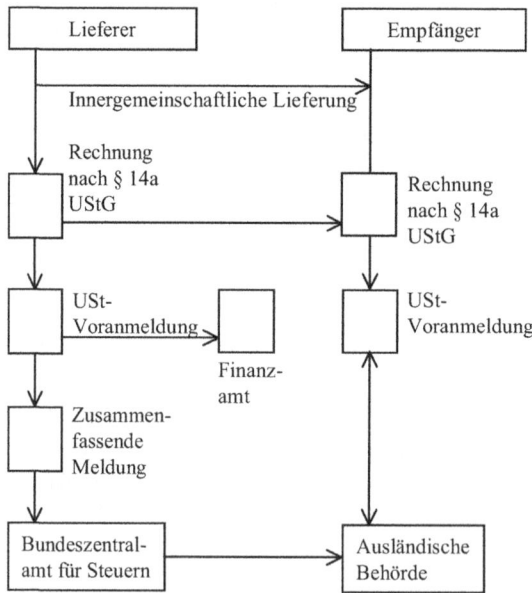

5.12 Umsatzsteuerliche Organschaft

Zur Steuerbarkeit von Leistungen ist es erforderlich, dass sie von einem Unternehmer erbracht werden. Dazu bedarf es der Selbständigkeit des Handelnden. An der Selbständigkeit fehlt es, wenn eine Kapitalgesellschaft von einem anderen Unternehmen beherrscht wird. Eine derartige Beherrschungssituation mit der Konsequenz einer Organschaft ist ustl. bei finanzieller, wirtschaftlicher und organisatorischer Eingliederung der Organgesellschaft in das Unternehmen des Organträgers gegeben (§ 2 Abs. 2 Nr. 2 UStG).

Aufgrund der fehlenden Selbständigkeit der Organgesellschaft ist ausschließlich der Organträger umsatzsteuerlicher Unternehmer. Es besteht nur ein den gesamten Organkreis umfassendes Unternehmen. Deshalb sind sämtliche Umsätze, die Organgesellschaften mit Geschäftspartnern außerhalb des Organkreises (sog. Dritte) tätigen, dem Organträger zuzurechnen. Sämtliche Leistungen zwischen Organträger und Organgesellschaften sowie Organgesellschaften untereinander sind nicht steuerbare Innenumsätze. Der Organträger ist Steuerschuldner für alle vom Organkreis getätigten Umsätze. Das gilt auch in den Fällen, in denen die Organgesellschaften für die von ihnen erbrachten Leistungen eigene Rechnungen unter gesondertem Ausweis der Umsatzsteuer ausstellen. Wegen der ihr fehlenden Unternehmereigenschaft ist die Organgesellschaft nicht zum Vorsteuerabzug berechtigt. Nur der Organträger kann aus den an Organgesellschaften ausgestellten Eingangsrechnungen den Vorsteuerabzug ausüben.

In ihren Auswirkungen ist die ustl. Organschaft auf das Inland beschränkt. Lediglich die inländischen Unternehmensteile bilden ein Unternehmen. Der Leistungsaustausch mit und von ausländischen Unternehmensteilen ist wie zwischen selbständigen Unternehmen zu beurteilen.

Nur den Organträger treffen Erklärungs- und Zahlungspflichten. Lediglich er hat Voranmeldungen und Jahreserklärungen abzugeben und Voraus- bzw. Abschlusszahlungen zu leisten. Es ist jeweils eine Voranmeldung oder Erklärung für den gesamten Organkreis abzugeben.

Infolge der ustl. Organschaft ergeben sich Kostenvorteile aus organisatorischen Vereinfachungen und der Vermeidung von Bewertungsproblemen bei innerkonzernlichen Umsätzen. Finanzierungs- und Liquiditätsvorteile stehen dagegen eher im Hintergrund.

5.13 Hinweise zur Bearbeitung von Fällen und Klausuren zur USt

USt-Klausuren bestehen häufig aus einer Reihe von Sachverhalten, die aus umsatzsteuerlicher Sicht beurteilt werden sollen. Deren Beurteilung konkretisiert sich vorrangig in den Fragen, in welcher Höhe USt und abziehbare Vorsteuer anfallen.

Bearbeitungstechnisch bietet es sich an, allgemeine Fragen in einer einleitenden Vorbemerkung zu klären. Dazu gehören folgende Gesichtspunkte:

1. Begründung bzw. Ablehnung der Unternehmereigenschaft der handelnden Personen,
2. Umfang des jeweiligen Unternehmens,
3. Modalitäten der Besteuerung (Regelbesteuerung oder Kleinunternehmer). Hier ist bereits darauf hinzuweisen, ob nach vereinbarten oder vereinnahmten Entgelten versteuert wird und wann die Steuerschuld entsteht.

In der anschließenden Diskussion der Einzelsachverhalte ist zunächst auf die Ausgangs- und erst anschließend auf die Eingangsumsätze einzugehen. Ursächlich dafür ist die Abhängigkeit des Vorsteuerabzugs von der Verwendung der Ausgangsumsätze.

Für die Ausgangsumsätze sind zu untersuchen:

1. Prüfung der Steuerbarkeit

    1.1 Leistungsgeber und -empfänger
    1.2 Art der Leistung
    1.3 Ort der Leistung
    1.4 Entgeltlichkeit der Leistung
    1.5 Erbringung der Leistung im Rahmen des Unternehmens
    1.6 Steuerbarkeit von unentgeltlichen Wertabgaben.

   Das Ergebnis der Untersuchung der Steuerbarkeit ist eindeutig zu benennen („der Vorgang ist steuerbar" bzw. „nicht steuerbar").
   Verursachend für das Entstehen einer USt-Schuld ist vorrangig der eigene Leistungsausgang des Unternehmers. In wenigen besonderen Fällen ist jedoch der leistungsempfangende Unternehmer Schuldner der USt. Das gilt für Einfuhren (§ 1 Abs. 1 Nr. 4 UStG), den innergemeinschaftlichen Erwerb (§ 1 Abs. 1 Nr. 5 UStG) sowie die Umkehrung der Steuerschuldnerschaft (§ 13b UStG). Im Anschluss an die mögliche Steuerbarkeit von Lieferungen und sonstigen Leistungen sind diese besonderen Tatbestände zu untersuchen.
2. Prüfung der Steuerpflicht
   Hier ist zu prüfen, ob eine Steuerbefreiung nach § 4 UStG in Betracht kommt. Sofern das der Fall ist, müssen die Möglichkeit einer Option (§ 9 UStG) und ihre Ausübung geklärt werden. Weiterhin ist festzuhalten, wie sich die Steuerbefreiung auf den Vorsteuerabzug auswirkt.
3. Bemessungsgrundlage
   Die Bemessungsgrundlage ist mit ihrer präzisen gesetzlichen Regelung aus dem § 10 UStG zu benennen und zu quantifizieren.
4. Steuerbetrag und -entstehung
   Auf die Bemessungsgrundlage ist der Steuersatz anzuwenden (§ 12 UStG). Dabei ist nach Regelsteuersatz und ermäßigtem Steuersatz zu unterscheiden (§ 12 Abs. 2 UStG mit Anlage 2 zum UStG).

Durch Multiplikation von Bemessungsgrundlage und Steuersatz ergibt sich der Steuerbetrag.

Mit der Bestimmung des Entstehungszeitpunkts der USt werden die Ausführungen zur USt im Ausgangsbereich abgeschlossen.

Bei der Eingangsumsatzsteuer sind einleitend die Bedingungen für den Vorsteuerabzug zu überprüfen. Die Möglichkeit des ergänzenden Ausschlusses des Vorsteuerabzugs wegen vorsteuerschädlicher Ausgangsumsätze war bereits in Zusammenhang mit Steuerbefreiungen der Ausgangsumsätze angesprochen worden.

Weiterhin können Fragen der Aufteilung der Vorsteuer und ihrer Berichtigung von Bedeutung sein.

5.14 Musterfall mit Lösungshinweisen

1. Sachverhalt

Die MaBau AG unterliegt bei der USt der Regelbesteuerung (Soll-Besteuerung; zum Vorsteuerabzug berechtigt). Für die Abgabe der monatlichen USt-Voranmeldungen wurde eine Dauerfristverlängerung i. S. von § 46 UStDV erteilt. In der Finanzbuchhaltung der Gesellschaft werden für den Juni 2011 folgende vorläufige Monatsverkehrszahlen ausgewiesen:

(1) Konto Nr.	(2) Beschreibung	(3) vorläufige (saldierte) Monatsverkehrszahl €	(4) Änderung aufgrund der Geschäftsvorfälle 1 bis 3 €	(5) endgültige (saldierte) Monatsverkehrszahl €
1571	Abziehbare Vorsteuer 7 %	10.000 S		
1573	Abziehbare Vorsteuer aus innergemeinschaftlichem Erwerb 19 %	380.000 S		
1576	Abziehbare Vorsteuer 19 %	1.500.000 S		
1771	Umsatzsteuer 7 %	0		
1773	Umsatzsteuer aus innergemeinschaftlichem Erwerb 19 %	380.000 H		
1775	Umsatzsteuer 19 %	7.600.000 H		
1781	USt-Vorauszahlung 1/11	0		
3425	Innergemeinschaftlicher Erwerb; Vor- und UmsatzSt jeweils 19 %.	2.000.000 S		
8120	Steuerfreie Umsätze § 4 Nr. 1a UStG	5.000.000 H		
8125	Steuerfreie innergemeinschaftliche Lieferungen	10.000.000 H		
8300	Erlöse 7 %	0		
8400	Erlöse 19 %	40.000.000 H		

5.14 Musterfall mit Lösungshinweisen

Nachfolgende Geschäftsvorfälle sind buchhalterisch noch nicht erfasst worden:

1. Lieferung vom 30.6.2011 einer Drehbank vom Typ D100 zum Preis von 200.000 € (netto) an einen Abnehmer in der Schweiz. Entsprechend den Vereinbarungen des Kaufvertrags versendet die MaBau AG die Maschine mit der Deutschen Bahn AG von Bielefeld aus nach Basel.
2. Lieferung vom 29.6.2011 eines Fräszentrums vom Typ F200 zum Preis von 400.000 € (netto) an einen Abnehmer in Belgien. Der Kunde holt die Maschine am 29.6.2011 mit eigenem Fahrzeug in Bielefeld ab.
3. Eingang einer Sendung Stahlbleche von einem italienischen Lieferanten am 28.6.2011 zum Rechnungspreis von 3.000.000 €. Der Lieferant hat die Bleche durch eine Spedition von Turin nach Bielefeld transportieren lassen.

2. Aufgaben

1. Beurteilen Sie bitte die Geschäftsvorfälle 1 bis 3 aus umsatzsteuerlicher Sicht!
2. Bilden Sie die Buchungssätze zu den o. g. Geschäftsvorfällen unter Verwendung der im Sachverhalt vorgegebenen Konten!
3. Tragen Sie die Auswirkungen der Geschäftsvorfälle in die Spalte 4 der Kontentabelle ein!
4. Erstellen Sie die Umsatzsteuer-Voranmeldung für den Juni 2011!
5. Bis zu welchem Termin ist die USt-Voranmeldung beim Finanzamt abzugeben?
6. Bis zu welchem Termin ist die USt-Vorauszahlung zu leisten?

3. Lösungshinweise

(1) Konto Nr.	(2) Beschreibung	(3) vorläufige (saldierte) Monatsverkehrszahl €	(4) Änderung aufgrund der Geschäftsvorfälle 1 bis 3 €		(5) endgültige (saldierte) Monatsverkehrszahl €	
1571	Abziehbare Vorsteuer 7 %	10.000 S			10.000	S
1573	Abziehbare Vorsteuer aus innergemeinschaftlichem Erwerb	380.000 S	(3) 570.000	S	950.000	S
1576	Abziehbare Vorsteuer 19 %	1.500.000 S			1.500.000	S
1771	Umsatzsteuer 7 %	0				
1773	Umsatzsteuer aus innergemeinschaftlichem Erwerb 19 %	380.000 H	(3) 570.000	H	950.000	H
1775	Umsatzsteuer 19 %	7.600.000 H			7.600.000	H
1781	USt-Vorauszahlung 1/11					
3425	Innergemeinschaftlicher Erwerb; Vor- und USt jeweils 19 %	2.000.000 S	(3) 3.000.000	S	5.000.000	S
8120	Steuerfreie Umsätze § 4 Nr. 1a UStG	5.000.000 H	(1) 200.000	H	5.200.000	H
8125	Steuerfreie innergemeinschaftliche Lieferungen	10.000.000 H	(2) 400.000	H	10.400.000	H
8300	Erlöse 7 %	0				
8400	Erlöse 19 %	40.000.000 H			40.000.000	H

5.14 Musterfall mit Lösungshinweisen

MaBau AG   Steuernummer 12/345/67890

Übertragungsprotokoll

Sendedatum: keine Datenübermittlung

Übermittelt von:
MaBau AG
Maschinenstraße 1
56789 Bielefeld
Tel.: 012 3456789

Umsatzsteuer-Voranmeldung

Finanzamt Bielefeld

Anmeldungszeitraum
Juni 2011

Anmeldung der Umsatzsteuer-Vorauszahlung

Lieferungen und sonstige Leistungen (einschl. unentgeltlicher Wertabgaben)

Steuerfreie Umsätze mit Vorsteuerabzug

	Kz	Betrag
Innergemeinschaftliche Lieferungen (§ 4 Nr. 1 Buchst. b UStG) an Abnehmer mit USt-IdNr.	41	10.400.000
Weitere steuerfreie Umsätze mit Vorsteuerabzug (z.B. Ausfuhrlieferungen, Umsätze nach § 4 Nr. 2 bis 7 UStG)	43	5.200.000

Steuerpflichtige Umsätze

	Kz	Betrag
zum Steuersatz von 19 %	81	40.000.000

Innergemeinschaftliche Erwerbe

Steuerpflichtige innergemeinschaftliche Erwerbe

	Kz	Betrag
zum Steuersatz von 19 %	89	5.000.000

Abziehbare Vorsteuerbeträge

	Kz	Betrag
Vorsteuerbeträge aus Rechnungen von anderen Unternehmern (§ 15 Abs. 1 Satz 1 Nr. 1 UStG), aus Leistungen im Sinne des § 13a Abs. 1 Nr. 6 UStG (§ 15 Abs. 1 Satz 1 Nr. 5 UStG) und aus innergemeinschaftlichen Dreiecksgeschäften (§ 25b Abs. 5 UStG)	66	1.510.000,00
Vorsteuerbeträge aus dem innergemeinschaftlichen Erwerb von Gegenständen (§ 15 Abs. 1 Satz 1 Nr. 3 UStG)	61	950.000,00
Verbleibende Umsatzsteuer-Vorauszahlung bzw. verbleibender Überschuss	83	6.090.000,00

Hinweis zu Säumniszuschlägen

Bitte beachten Sie, dass bei Zahlung der angemeldeten Steuer durch Hingabe eines Schecks erst der dritte Tag nach dem Tag des Eingangs des Schecks bei der zuständigen Finanzkasse als Einzahlung gilt (§ 224 Abs.2 Nr. 1 Abgabenordnung). Fällt der dritte Tag auf einen Samstag, einen Sonntag oder einen gesetzlichen Feiertag, gilt die Zahlung erst am nächstfolgenden Werktag als bewirkt. Gilt die Zahlung der angemeldeten Steuer durch Hingabe eines Schecks erst nach dem Fälligkeitstag als bewirkt, fallen Säumniszuschläge an (§ 240 Abs. 3 Abgabenordnung). Um diese zu vermeiden wird empfohlen, am Lastschrifteinzugsverfahren teilzunehmen.

Die Teilnahme am Lastschrifteinzugsverfahren ist jederzeit widerruflich und völlig risikolos. Sollte einmal ein Betrag zu Unrecht abgebucht werden, können Sie diese Abbuchung bei ihrer Bank innerhalb von 6 Wochen stornieren lassen. Zur Teilnahme am Lastschrifteinzugsverfahren setzen Sie sich bitte mit Ihrem Finanzamt in Verbindung.

Dieser Protokollausdruck ist nicht zur Übersendung an das Finanzamt bestimmt. Die Angaben sind auf ihre Richtigkeit zu prüfen. Sofern eine Unrichtigkeit festgestellt wird, ist eine berichtigte Steueranmeldung abzugeben.

Literaturhinweise zu Kapitel 5

Göttke, S.: „Grundlegende Änderungen im Umsatzsteuerrecht zum 1.1.2010" in: SteuerStud, 2010, S. 65 ff.

Schwind, H.-D.; Hauptmann, P.-H.; Mücke, S.: „Umsatzsteuer leicht gemacht" 2., überarbeitete Auflage, Berlin 2010

Erbschaftsteuer 6

6.1 Charakterisierung der Erbschaftsteuer

Der ErbSt bzw. Schenkungsteuer unterliegen Erbschaften und Schenkungen. Sie gehören zu den steuerpflichtigen Vorgängen nach § 1 Abs. 1 ErbStG. Die ErbSt ist als Erbanfallsteuer ausgestaltet. Ihr unterliegt, was beim Empfänger aus dem Nachlass des Erblassers anfällt. Den Gegensatz dazu bildet eine Nachlasssteuer, die das vom Erblasser hinterlassene Vermögen der Besteuerung unterwirft. Zur Vermeidung einer Umgehung der ErbSt durch Schenkungen unter Lebenden unterliegen diese Vermögensübertragungen grds. denselben steuerlichen Bestimmungen. Deshalb wird nachfolgend einheitlich der Begriff der ErbSt verwendet.

Die ErbSt gehört zu den Personensteuern. Bei ihr wirken sich die persönlichen Verhältnisse des Steuerpflichtigen über die Ausgestaltung der Bemessungsgrundlage sowie den Steuertarif auf die Höhe der Steuerbelastung aus. Sie zählt ferner zu den direkten Steuern, da der Steuerschuldner die Steuer gleichzeitig wirtschaftlich zu tragen hat. Wegen ihrer Anknüpfung an den Übergang von Vermögen zählt die ErbSt zu den Verkehrsteuern. Die ErbSt wird nicht laufend veranlagt, da sie nur bei bestimmten Vermögensübergängen entsteht.

Die Gesetzgebungshoheit für die ErbSt liegt beim Bund. Bundestag und -rat haben im Gesetzgebungsverfahren zusammen zu wirken. Verwaltet wird die ErbSt durch die Finanzämter als Landesfinanzbehörden. Das Aufkommen aus der ErbSt steht den Ländern zu. Mit einem jährlichen Steueraufkommen von 4,4 Mrd. € ist der mit der Steuererhebung verbundene hohe Verwaltungsaufwand kaum gerechtfertigt. So haben mehrere Staaten in den vergangenen Jahren die ErbSt aufgegeben. In Deutschland wird sie durch die höhere steuerliche Leistungsfähigkeit des Erben und die Absicht der Umverteilung von Vermögen gerechtfertigt.

Die Materie der ErbSt wird durch das ErbStG und die ErbStDV geregelt. Die ergänzende Erbschaftsteuer-Richtlinien 2011 erläutern die gesetzlichen Grundlagen und dienen der Vereinheitlichung des Verwaltungshandelns.

6.2 Persönliche Steuerpflicht (§ 2 ErbStG)

Ähnlich wie bei ESt und KSt unterscheidet das ErbStG zwischen unbeschränkter und beschränkter persönlicher Steuerpflicht. Die unbeschränkte Erbschaftsteuerpflicht tritt ein, wenn Erblasser, Schenker oder Erwerber Inländer (gewesen) sind (§ 2 Abs. 1 ErbStG). Dazu gehören vorrangig natürliche Personen, die ihren Wohnsitz oder gewöhnlichen Aufenthalt im Inland haben. Gleiches gilt für Körperschaften und Personenvereinigungen mit Geschäftsleitung oder Sitz im Inland. Hier unterliegt grds. der gesamte Vermögensanfall der deutschen ErbSt. Darin einbezogen sind also im Inland wie im Ausland belegene Vermögensteile (= Weltvermögensprinzip).

Der beschränkten Steuerpflicht unterliegen Ausländer, wenn der Vermögensanfall in Inlandsvermögen i. S. des § 121 BewG besteht (§ 2 Abs. 1 Nr. 3 ErbStG).

Bei grenzüberschreitenden Vermögensanfällen, die sich auf inländische wie auch ausländische Vermögensteile beziehen, ergibt sich aus dem Nebeneinander von unbeschränkter und beschränkter persönlicher Steuerpflicht das Problem der Doppelbesteuerung. Dieselben Vermögensteile würden beim selben Steuerpflichtigen mit der ErbSt zweier Staaten belastet werden. Abhilfe schaffen hier für die ErbSt geltende Doppelbesteuerungsabkommen. Sie können eine Freistellung von der deutschen ErbSt vorsehen. Falls das nicht der Fall ist (z. B. DBA mit den USA) oder kein DBA für Zwecke der ErbSt besteht, kommt die Anrechnung der ausländischen auf die deutsche ErbSt in Betracht (§ 21 ErbStG).

6.3 Steuerpflichtige Vorgänge

Der ErbSt unterliegen als vorrangige steuerpflichtige Vorgänge der Erwerb von Todes wegen und Schenkungen unter Lebenden (§ 1 Abs. 1 Nrn. 1 und 2 ErbStG). Auf die anderen beiden Tatbestände wird hier nicht weiter eingegangen. Zum Erwerb von Todes wegen gehören:

1. Der Erbanfall in gesetzlicher Erbfolge, durch Testament oder Erbvertrag,
2. Das Vermächtnis und
3. Der Pflichtteilsanspruch.

Bei Schenkungen unter Lebenden wird der Bedachte durch freigebige Zuwendung auf Kosten des Zuwendenden bereichert (§ 7 Abs. 1 Nr. 1 ErbStG).

Von wesentlicher Bedeutung für die ErbSt sind die Bestimmungen des BGB zum Erbrecht. Sie finden ihre unmittelbare Anwendung in den o. g. Ausprägungen des Erwerbs von Todes wegen (§ 3 Abs. 1 Nr. 1 ErbStG).

Im Wege der Erbfolge findet eine Gesamtrechtsnachfolge (= Universalsukzession) statt (§ 1922 BGB). Sämtliche Rechte und Pflichten gehen ohne rechtsgeschäftliche Übertragung auf die Erben über.

In der Regelung der Erbfolge ist zwischen gesetzlicher und gewillkürter Erbfolge (Verfügungen von Todes wegen) zu unterscheiden. Die gesetzliche Erbfolge bezieht sich auf die Familie des Erblassers und hilfsweise den Fiskus (§ 1936 BGB). Zur Erbfolge innerhalb der Familie sind Verwandte und Ehegatte des Erblassers berufen. Das Erbrecht der Verwandten gliedert sich vorrangig nach verschiedenen Ordnungen (§§ 1924 bis 1929 BGB). Danach schließt ein Verwandter niedrigerer Ordnung Verwandte höherer Ordnung von der Erbfolge aus (§ 1930 BGB).

Das Erbrecht des überlebenden Ehegatten beläuft sich nach § 1931 Abs. 1 BGB auf ein Viertel neben Verwandten der 1. Ordnung und auf die Hälfte neben Verwandten der 2. Ordnung. Ergänzend ist das Erbrecht des überlebenden Ehegatten durch den Güterstand geprägt, in dem die Ehegatten gelebt hatten. Beim gesetzlichen Güterstand der Zugewinngemeinschaft erhält der Ehegatte zusätzlich zu seinem nach § 1931 BGB ermittelten gesetzlichen Erbteil ein weiteres Viertel (§ 1371 Abs. 1 BGB). Hierbei handelt es sich um eine pauschale Abgeltung des während der Ehe erwirtschafteten Zugewinns. Die Vorgehensweise wird als erbrechtliche Lösung bezeichnet. Alternativ dazu kann der überlebende Ehegatte die güterrechtliche Lösung für den Zugewinnausgleich wählen. Bei Ausschlagung der Erbschaft würde er die Zugewinnausgleichsforderung nach § 1378 Abs. 1 BGB und einen Pflichtteilsanspruch nach § 2303 Abs. 1 BGB erhalten. Letzterer bemisst sich nach dem normalen (§ 1931 Abs. 1 BGB) und nicht erhöhten gesetzlichen Erbteil. Welche Vorgehensweise wirtschaftlich günstiger ist, muss im Einzelfall ermittelt werden.

Beim Güterstand der Gütertrennung (§ 1414 BGB) ergeben sich gegenüber der Grundregel nach § 1931 Abs. 1 BGB nur Veränderungen, wenn neben dem überlebenden Ehegatten ein oder zwei Kinder zur gesetzlichen Erbfolge berufen sind (§ 1931 Abs. 4 BGB). Der Ehegatte erhält dann einen ebenso großen Erbteil wie jedes Kind. Neben einem Kind also die Hälfte, bei zwei Kindern ein Drittel.

Testament oder Erbvertrag haben als die Instrumente der gewillkürten Erbfolge Vorrang gegenüber der gesetzlichen Erbfolge. Die Gestaltungsfreiheit (Testierfreiheit) des Erblassers findet jedoch ihre Grenzen in den Pflichtteilsansprüchen naher Familienangehöriger (§§ 2303 bis 2338 BGB). Sie belaufen sich auf die Hälfte des Werts des gesetzlichen Erbteils.

Durch Vermächtnis kann der Erblasser einem anderen einen Vermögensvorteil zuwenden, ohne ihn gleichzeitig zum Erben einzusetzen (§ 1939 BGB). Der Vermächtnisnehmer erhält einen schuldrechtlichen Anspruch auf Erfüllung des Vermächtnisses (§ 2174 BGB). Dabei handelt es sich um eine Erbfallschuld (§ 1967 Abs. 2 BGB).

6.4 Ermittlung der Steuerbemessungsgrundlage

Die erbschaftsteuerliche Überlegungen vollziehen sich auf zwei Ebenen. Hinsichtlich der Besteuerung erfolgt zunächst eine strukturierte Ermittlung der Steuerbemessungsgrundlage. Über die Anwendung des Steuersatzes ergibt sich dann der Steuerbetrag (= Besteuerungsebene). Soweit übergangene Vermögenswerte nicht unmittelbar in Geld bestehen, ist ihre Bewertung zur Ermittlung der Steuerbemessungsgrundlage erforderlich (= Bewertungsebene). Dazu ist auf die Regelungen des Bewertungsgesetzes zurückzugreifen. Die einzelnen Vermögensarten und die Grundlagen ihrer Bewertung werden im Kap. 7 erläutert.

Die Ermittlung der erbstl. Bemessungsgrundlage vollzieht sich nach untenstehendem Schema.

Bei den Erwerben von Todes wegen entsteht die Steuer mit dem Tode des Erblassers (§ 9 Abs. 1 ErbStG). Dieser Zeitpunkt ist für die tatsächlichen Verhältnisse sowie die Ermittlung des Werts der Bereicherung des Erwerbers maßgeblich (§ 11 ErbStG).

	Steuerwert des land- und forstwirtschaftlichen Vermögens	
+	Steuerwert des Betriebsvermögens	
+	Steuerwert des Grundvermögens	
+	Steuerwert des übrigen Vermögens	
=	**Vermögensanfall nach Steuerwerten**	§ 12 BewG
./.	Abzugsfähige Nachlassverbindlichkeiten	§ 10 Abs. 5 und 6 ErbStG
=	**Bereicherung des Erwerbers**	
./.	ggf. steuerfreier Zugewinnausgleich	§ 5 Abs. 1 ErbStG
./.	persönlicher Freibetrag	§ 16 ErbStG
./.	besonderer Versorgungsfreibetrag	§ 17 ErbStG
=	**Steuerpflichtiger Erwerb (abzurunden auf volle 100 €)**	

Nachlassverbindlichkeiten in Form von Erblasserschulden und Erbfallschulden reduzieren den Vermögensanfall. Soweit sie vom Erblasser herrühren, dürfen sie nicht mit einem Betriebsvermögen oder land- und forstwirtschaftlichen Vermögen in Zusammenhang stehen, da sie bereits bei dessen Wertbestimmung berücksichtigt werden. Typische Erblasserschulden sind Hypotheken- und Steuerverbindlichkeiten sowie alle anderen privaten Schulden. Erbfallschulden (§ 10 Abs. 5 Nrn. 1, 2 ErbStG) resultieren z. B. aus Vermächtnissen, Kosten der Bestattung des Erblassers oder der Abwicklung des Nachlasses. Bewertet werden Nachlassverbindlichkeiten i. d. R. mit ihrem Nennwert (§ 12 Abs. 1 ErbStG i. V. m. § 12 Abs. 1 BewG).

Der bei Tod eines Ehegatten erfolgende Zugewinnausgleich unterliegt nicht der ErbSt (§ 5 ErbStG).

Mit Hilfe von persönlichen Freibeträgen soll das Familiengut durch den Erbfall nicht übermäßig belastet werden. Kleinere Vermögensübergänge bleiben vollständig von der ErbSt befreit. Die Höhe der Freibeträge knüpft an die Einordnung des Erwerbers in eine Steuerklasse und seine Beziehung zum Erblasser an. Die persönlichen Freibeträge bei unbeschränkter Steuerpflicht sind der folgenden Tabelle zu entnehmen.

Beziehung zum Zuwendenden	Betrag
Ehegatten und Lebenspartner	500.000 €
Kinder und Kinder verstorbener Kinder	400.000 €
Enkelkinder	200.000 €
übrige Personen der Steuerklasse I	100.000 €
Personen der Steuerklasse II	20.000 €
Übrige Personen der Steuerklasse III	20.000 €

Für überlebende Ehegatten sowie Kinder bestehen besondere Versorgungsfreibeträge (§ 17 ErbStG). Der Versorgungsfreibetrag für Ehegatten und Lebenspartner beläuft sich auf 256.000 €. Er wird gekürzt um den Kapitalwert solcher Versorgungsbezüge, die nicht der ErbSt unterliegen. Kindern werden Versorgungsfreibeträge gewährt, die mit steigendem Alter der Kinder abnehmen (§ 17 Abs. 2 ErbStG).

6.5 Festzusetzende Erbschaftsteuer

Die festzusetzen ErbSt ist in Anlehnung an R 24a ErbStR wie folgt zu ermitteln:

	Steuerpflichtiger Erwerb	
×	Steuersatz	
=	**Tarifliche Erbschaftsteuer**	§ 19 ErbStG
./.	Anrechenbare Steuer nach § 21 ErbStG	
=	**Festzusetzende Erbschaftsteuer**	

Die ErbSt weist einen progressiven Steuertarif auf. Maßgeblich für die Steuersätze sind der Wert des steuerpflichtigen Erwerbs und die Steuerklasse des Steuerpflichtigen. In der Tariftabelle sind Prozentsätze für die durchschnittliche Steuerbelastung angegeben (§ 19 Abs. 1 ErbStG). Zur Vermeidung von Härten beim Übergang in eine höhere Tarifstufe dient die Begrenzungsregel nach § 19 Abs. 3 ErbStG.

Der Erbschaftsteuertarif gestaltet sich wie folgt:

Wert des steuerpflichtigen Erwerbs bis einschließlich ... Euro	Prozentsatz in der Steuerklasse		
	I	II	III
75.000	7	15	30
300.000	11	20	30
600.000	15	25	30
6.000.000	19	30	30
13.000.000	23	35	50
26.000.000	27	40	50
über 26.000.000	30	43	50

6.6 Besteuerungsverfahren

Die ErbSt entsteht mit dem Tod des Erblassers (§ 9 ErbStG). Steuerschuldner ist der Erwerber, bei Schenkungen auch der Schenker (§ 20 Abs. 1 ErbStG).

Jeder steuerpflichtige Erwerb (§ 1 ErbStG) ist vom Erwerber dem zuständigen Finanzamt anzuzeigen (§ 30 ErbStG). Ergänzende Anzeigepflichten, die Vermögensverwahrer und -verwalter und Versicherungsunternehmen (§ 33 ErbStG) sowie Gerichte, Behörden und Notare (§ 34 ErbStG) betreffen, setzen die Finanzämter vom Eintritt von Erbfällen in Kenntnis.

Auf Anforderung des Finanzamts haben die an Erbschaften und Schenkungen Beteiligten eine Steuererklärung einzureichen. Sie dient als Grundlage der Veranlagung zur ErbSt. Die Steuerfestsetzung erfolgt durch Steuerbescheid. Die Fälligkeit der ErbSt tritt nicht vor Bekanntgabe des Steuerbescheids ein (§ 220 Abs. 2 S. 2 AO).

Ergänzend zu den allgemeinen Regelungen (§ 222 AO) bestehen besondere Möglichkeiten der Stundung der Erbschaftsteuer. Sie beziehen sich auf den Übergang von Betriebsvermögen, land- und forstwirtschaftlichem Vermögen (§ 28 Abs. 1 ErbStG) sowie Wohngrundstücken und zu eigenen Wohnzwecken genutzte Ein- und Zweifamilienhäuser (§ 28 Abs. 2 ErbStG). Die Stundung umfasst einen Zeitraum von bis zu 10 Jahren.

Literaturhinweise zu Kapitel 6

Drobeck, J.: „Erbschaftsteuer – leicht gemacht", Berlin 2009

Schlüter, W.: „Erbrecht" 16. Auflage, München 2007

Ramb, J.: „Grundzüge des Erbschaft- und Schenkungsteuerrechts" in: SteuerStud 2011, S. 183 ff., 448 ff. und 2012, S. 30 ff.

Bewertung im Rahmen der Erbschaftsteuer 7

7.1 Konzept der Bewertung

Sämtliche zum Vermögensanfall (§ 10 Abs. 1 ErbStG) als der Ausgangsgröße zur Ermittlung der erbschaftsteuerlichen Bemessungsgrundlage gehörenden Gegenstände sind in Geld abzubilden, um ihre Steuerwerte ermitteln zu können. Einige, wie z. B. Bargeld, Sparguthaben und andere Forderungen lauten unmittelbar auf einen Geldbetrag. Anderen ist ein Geldbetrag erst im Zuge einer Wertfindung (= Bewertung) zuzuordnen. Das ErbStG enthält dazu nur wenige Angaben. Sie beziehen sich auf den Bewertungszeitpunkt (§§ 10, 9 ErbStG) und verweisen ansonsten auf die Regelungen des ersten Teils des Bewertungsgesetzes (§ 12 ErbStG). Weiterhin enthält das ErbStG eine Reihe von sachlichen Steuerbefreiungen (§§ 13–13c ErbStG). Diese Regelungen werden bei den einzelnen Vermögensarten behandelt.

Zentraler Bewertungsmaßstab des BewG ist der gemeine Wert (§ 9 Abs. 1 BewG). Als sog. Verkehrswert wird er durch den fiktiven Einzelveräußerungspreis einschließlich der USt, der im gewöhnlichen Geschäftsverkehr erzielt werden kann, repräsentiert (§ 9 Abs. 2 BewG). Der gemeine Wert dient als Steuerwert, soweit keine abweichenden Regelungen bestehen.

Abgeleitete Bewertungsmaßstäbe für bestimmte Wirtschaftsgüter stellen sich als Konkretisierungen des gemeinen Werts dar. Das gilt für börsennotierte Wertpapiere (Kurswert nach § 11 BewG), Kapitalforderungen und Schulden (Nennwert nach § 12 BewG) sowie wiederkehrende Nutzungen und Leistungen (Kapitalwert nach § 13 BewG).

Die Bewertung steht in engem Zusammenhang mit der Zuordnung des Bewertungsgegenstands zur einschlägigen Vermögensart. Deshalb ist zunächst zu klären, welcher Vermögensart der jeweilige Bewertungsgegenstand zuzuordnen ist. Nachfolgend wird ausschließlich auf das aus betrieblicher Sicht bedeutsamere Grundvermögen sowie das Betriebsvermögen eingegangen.

7.2 Bewertung des Grundvermögens

7.2.1 Bewertung unbebauter Grundstücke

Zum Grundvermögen gehören vorrangig Grund und Boden, Gebäude, sonstige Bestandteile und Zubehör, soweit es sich nicht um Betriebsgrundstücke i. S. von § 99 BewG handelt (§ 176 Abs. 1 Nr. 1 BewG). Diese werden im Rahmen einer Gesamtbewertung in die Wertermittlung des Betriebsvermögens einbezogen. Deshalb ist i. d. R. eine Einzelwertermittlung für Betriebsgrundstücke nicht erforderlich.

Wirtschaftliche Einheit und damit Gegenstand der Bewertung ist bei Grundvermögen das einzelne Grundstück (§ 70 Abs. 1 BewG). Die Wertbestimmung orientiert sich am gemeinen Wert (§ 177 BewG).

Bei der Ermittlung des Steuerwerts des Grundvermögens sind die unten aufgeführten sachlichen Steuerbefreiungen zu beachten.

Für Bewertungszwecke wird zwischen unbebauten (§ 178 Abs. 1 BewG) und bebauten Grundstücken unterschieden. Die Bewertung unbebauter Grundstücke erfolgt anhand ihrer Fläche und der Bodenrichtwerte (§ 179 BewG). Zur Bestimmung der Bodenrichtwerte als durchschnittlichen Lagewerten setzten die Gemeinden Gutachterausschüsse ein. Es steht dem Steuerpflichtigen frei, einen tatsächlich niedrigeren Wert als den Bodenrichtwert nachzuweisen (§ 198 BewG).

7.2.2 Bewertung bebauter Grundstücke

Bei der Bewertung bebauter Grundstücke sind die verschiedenen Grundstücksarten zu unterscheiden (§ 181 BewG). Ihnen sind unterschiedliche Bewertungsverfahren zugeordnet. Zunächst ist also die Art des jeweiligen Grundstücks entsprechend den Kategorien nach § 181 Abs. 1 Nr. 1 bis 6 BewG zu bestimmen.

So sind Ein- und Zweifamilienhäuser (§ 181 Abs. 2 BewG) grds. nach dem Vergleichswertverfahren zu bewerten (§ 182 Abs. 2 BewG). Hierzu werden von den Gutachterausschüssen Vergleichswerte bzw. -faktoren ermittelt. Sie beruhen auf realisierten Verkaufspreisen für mit dem zu bewertenden Objekt vergleichbare Immobilien. Fehlt es an hinreichend vergleichbaren Objekten, hat die Bewertung nach dem Sachwertverfahren zu erfolgen.

Mietwohngrundstücke (§ 181 Abs. 3 BewG), Geschäftsgrundstücke (§ 181 Abs. 6 BewG) und gemischt genutzte Grundstücke (§ 181 Abs. 7 BewG), für die sich auf dem örtlichen Grundstücksmarkt eine übliche Miete ermitteln lässt, sind nach dem Ertragswertverfahren zu bewerten (§ 182 Abs. 3 BewG). Danach setzt sich der Verkehrswert des Grundstücks (= Ertragswert) aus der Addition von Bodenwert und Gebäudeertragswert zusammen. Für den Bodenwert gelten die gleichen Regelungen wie bei der Bewertung unbebauter Grundstücke. Der Gebäudeertragswert ist in pauschalierender Weise nach untenstehendem Schema zu bestimmen.

Der Rohertrag entspricht den Mieterträgen der Immobilie ohne Bewirtschaftungskosten. Die Bewirtschaftungskosten ergeben sich durch Anwendung eines Prozentsatzes auf den Rohertrag. Er bestimmt sich in Abhängigkeit von der Grundstücksart und der verbleibenden Restnutzungsdauer der Immobilie nach den Anlagen 23 und 22 zum BewG. Eine Verzinsung des Bodenwerts ist abzuziehen, weil dieser Betrag bereits im Rohertrag enthalten ist und der Bodenwert gesondert in den Gebäudeertragswert eingeht.

	Rohertrag des Grundstücks	§ 186 BewG
./.	Pauschalierte Bewirtschaftungskosten	§ 187 BewG mit Anlagen 23 und 22 zum BewG
=	**Reinertrag des Grundstücks**	§ 185 Abs. 1 BewG
./.	Verzinsung des Bodenwerts	§ 188 BewG
=	**Gebäudereinertrag**	
×	Kapitalisierung mit Vervielfältiger	§ 185 Abs. 3 BewG mit Anlage 21 zum BewG
=	**Gebäudeertragswert**	

Das Sachwertverfahren bietet eine Auffanglösung zur Bewertung von sonstigen Grundstücken und in Fällen fehlender Anwendbarkeitsvoraussetzungen von Vergleichswert- oder Ertragswertverfahren. Dazu werden Bodenwert (s. o.) und Normalherstellungswerte von Gebäuden und Außenanlagen nach verschiedenen Korrekturen zum Grundstückswert zusammengefasst.

Auch bei bebauten Grundstücken ist der gemeine Wert anzusetzen, wenn er niedriger ist als der nach Vergleichswert-, Ertragswert- oder Sachwertverfahren ermittelte Wert (§ 198 BewG).

Für bebaute Grundstücke kommen verschiedene sachliche Steuerbefreiungen in Betracht. So erfolgt bei Wohngrundstücken ein Verschonungsabschlag von 10 % auf den Steuerwert (§ 13c ErbStG). Vollständig von der ErbSt befreit sind Erwerbe eines Familienheims durch den Ehegatten bzw. Kinder (§ 13 Abs. 1 Nrn. 4b und 4c ErbStG).

7.3 Bewertung des Betriebsvermögens

Zum Betriebsvermögen i. S. des BewG (§ 95 BewG) zählen alle Wirtschaftsgüter, die auch zum ertragsteuerlichen Betriebsvermögen gehören. Das gilt auch für das Sonderbetriebsvermögen einzelner Gesellschafter bei Mitunternehmerschaften. Das Betriebsvermögen ist mit seinem gemeinen Wert zu bewerten. Dazu wird in § 109 Abs. 1 BewG auf § 11 Abs. 2 BewG verwiesen. Letztgenannte Vorschrift bezieht sich zunächst auf die Bewertung von Anteilen an nicht börsennotierten Anteilen an Kapitalgesellschaften. Sie gilt jedoch in gleicher Weise für Einzelunternehmen und Anteile an Personengesellschaften und ist damit neutral in Hinblick auf die Rechtsform des Bewertungsobjekts.

Die Wertfindung erfolgt mittels einer Gesamtbewertung des jeweiligen Unternehmens und orientiert sich nicht an den Werten einzelner Vermögensgegenstände und Schulden. Vorrangig ist der Ertragswert aus Verkäufen unter fremden Dritten innerhalb des letzten Jahres abzuleiten. Sofern sie nicht zur Verfügung stehen, ist der gemeine Wert der Beteiligung an einer Kapitalgesellschaft unter Berücksichtigung ihrer Ertragsaussichten oder nach einer praxisüblichen Methode zur Unternehmensbewertung zu ermitteln. Der Substanzwert bildet die Untergrenze des gemeinen Werts. Zur Vermeidung von hohen Kosten der Ermittlung von Ertragswerten im Zuge von Unternehmensbewertungen wird ein vereinfachtes Ertragswertverfahren zur Verfügung gestellt (§§ 199 bis 203 BewG). Konzeptionell wird ein künftig erzielbarer Jahresertrag als Durchschnittswert aus den bereinigten Gewinnen dreier vergangener Jahre ermittelt. Prognosen im eigentlichen Sinn sind damit nicht erforderlich. Der so ermittelte zukünftig erzielbare Jahresertrag wird zur Bestimmung des gemeinen Werts der Beteiligung mit dem Kapitalisierungsfaktor multipliziert. Der Kapitalisierungsfaktor dient der Bildung des Barwerts einer ewigen Rente. Als Zinssatz dient ein Basiszins, der pauschal um 4 % zu erhöhen ist. Der Basiszins soll die langfristig aus öffentlichen Anleihen erzielbare Rendite wiederspiegeln und wird von der Deutschen Bundesbank zu Beginn eines Jahres veröffentlicht.

Vereinfachend erfolgt die Ermittlung des Ertragswerts nach folgendem Schema:

		1. Vorjahr	2. Vorjahr	3. Vorjahr
	Gewinn nach § 4 Abs. 1 EStG als Ausgangswert			
+	Nach § 202 Abs. 1 Nr. 1 BewG Buchst. a bis d und f hinzuzurechnende Beträge			
+	Tatsächlicher Ertragsteueraufwand			
./.	Nach § 202 Abs. 1 Nr. 2 BewG abzuziehende Beträge			
./.	Fiktiver Ertragsteueraufwand § 202 Abs. 3 BewG			
=	**Betriebsergebnis**			
	Durchschnittliches Betriebsergebnis der vorangegangenen 3 Jahre = zukünftig nachhaltig erzielbarer Reinertrag			
×	Kapitalisierungsfaktor (= Multiplikator) § 203 BewG			
=	**Ertragswert = gemeiner Wert**			

Eine Entscheidung des BVerfG erklärte die Begünstigung von Betriebsvermögen im Erbgang für zulässig, um Liquiditätsbelastungen für Erben und Unternehmen zu vermeiden und dadurch Arbeitsplätze zu erhalten. Von diesen Möglichkeiten wurde bei der Reform des ErbStG weitgehend Gebrauch gemacht. So sind land- und forstwirtschaftliches Vermögen, Betriebsvermögen und qualifizierte Anteile an Kapitalgesellschaften erbschaftsteuerlich durch Verschonungsabschlag und ergänzenden Abzugsbetrag privilegiert. Der Verschonungsabschlag stellt im Zuge der Regelverschonung 85 % des begünstigten Betriebsvermögens steuerfrei (§§ 13a Abs. 1 und 13b Abs. 4 ErbStG). Durch Option ist eine vollständige Steuerbefreiung erreichbar (§ 13a Abs. 8 ErbStG). Ein als abnehmende Freigrenze ausgestalteter ergänzender Freibetrag begünstigt kleine Betriebsvermögen in vollem Umfang. Voraussetzung aller Begünstigungen sind die Einhaltung von Behaltensfristen und der Erhalt von Arbeitsplätzen. So muss der Erwerber das begünstigte Vermögen über bestimmte Fristen behalten (§ 13a Abs. 5 ErbStG) und die Lohnsumme darf für bestimmte Zeiträume vorgegebene Prozentsätze einer Ausgangsgröße nicht unterschreiten (§ 13a Abs. 1 ErbStG).

Literaturhinweis zu Kapitel 7

Gehling, A. u. a.: „Steuerrecht II" München 2010

8 Abgabenordnung

8.1 Stellung und Bedeutung der Abgabenordnung

Die Abgabenordnung (AO) ist ein Teil des allgemeinen deutschen Steuerrechts. Sie regelt den Ablauf des Besteuerungsverfahrens. Die dort verankerten Grundregeln gelten weitgehend für alle Steuern und Steuervergütungen. Somit erfüllt die Abgabenordnung eine Mantelfunktion, da sie gleichermaßen für alle Einzelsteuergesetze anwendbar ist.

Die Abgabenordnung ist in neun Teile untergliedert. Diese sind:

I. einleitenden Vorschriften (Anwendungsbereich der Abgabenordnung, steuerliche Begriffsbestimmungen, Zuständigkeit der Behörden, Steuergeheimnis, Haftungsbeschränkungen)
II. Steuerschuldrecht (Steuerpflicht, Steuerschuldverhältnisse, steuerbegünstigten Zwecke, Haftung)
III. allgemeine Verfahrensvorschriften (Grundsätzen und Verwaltungsakte)
IV. Durchführung der Besteuerung (Erfassung der Steuerpflichtigen, Mitwirkungspflichten, Festsetzungs- und Feststellungsverfahren, Außenprüfung, Steuerfahndung, Steueraufsicht in besonderen Fällen)
V. Erhebungsverfahren (Verwirklichung, Fälligkeit und Erlöschen von Ansprüchen aus Steuerschuldverhältnissen, Verzinsung, Säumniszuschläge, Sicherheitsleistungen)
VI. Vollstreckung (allgemeinen Vorschriften, Vollstreckung wegen Geldforderungen, Vollstreckung wegen anderen Leistungen, Kosten)
VII. außergerichtliche Rechtsbehelfsverfahren (Zulässigkeit von Rechtsbehelfen, allgemeinen und besonderen Verfahrensvorschriften)
VIII. Straf- und Bußgeldvorschriften
IX. Schlussvorschriften

Neben der AO existiert ein Einführungsgesetz zur AO (EGAO), sowie mit dem AEAO (Anwendungserlass der Abgabenordnung) eine umfangreiche Steuerrichtlinie.

8.2 Besteuerungsverfahren

Das Besteuerungsverfahren lässt sich grob auf die im Schema in Abschn. 8.2.1 abgebildeten Abschnitte einteilen.

8.2.1 Örtliche und sachliche Zuständigkeiten

Die Zuständigkeit des Finanzamts ist in den §§ 16 bis 29 AO geregelt. Es wird zwischen sachlicher und der örtlicher Zuständigkeit unterschieden.

Die sachliche Zuständigkeit berücksichtigt, welche von mehreren Finanzbehörden für die jeweilige Aufgabe zuständig ist. Diese richtet sich nach den Vorschriften des Gesetzes über die Finanzverwaltung (FVG).

Erst in einem nächsten Schritt wird die örtliche Zuständigkeit geprüft. Diese bezieht sich jeweils auf eine Steuerart und muss für jede Steuer eines Steuerpflichtigen getrennt überprüft werden. Das örtliche Finanzamt ist dann für das gesamte Besteuerungsverfahren der jeweiligen Steuer zuständig.

Für die Einkommensteuer ist dies das Wohnsitz-Finanzamt des Steuerpflichtigen (§ 19 AO), für die Körperschaftssteuer das Betriebsstätten- bzw. Geschäftsleitungs-Finanzamt (§ 20 AO), für Zwecke der Umsatzsteuer und Gewerbesteuer das Betriebsstätten-Finanzamt (§ 21 AO) und für Zwecke der Grundsteuer und der Einheitswertermittlung das Lage-Finanzamt (§ 22 AO).

Neben den Aufgaben der eigenen örtlichen Zuständigkeit nehmen einige Finanzämter im Zuge einer Zentralisierung ausgewählte Aufgaben für andere Finanzämter wahr. Das sei am Beispiel des Finanzamts Mainz-Süd verdeutlicht. Dieses Finanzamt nimmt neben den eigenen Aufgaben auch die Aufgabe der Bezirks-Betriebsprüfung für das Finanzamt Mainz-Mitte wahr. Weiterhin ist es für die Großbetriebsprüfungen, die Steuerfahndung, sowie die Buß- und Strafsachen der Finanzämter Bad Kreuznach, Bingen-Alzey, Mainz-Mitte und Worms-Kirchheimbolanden zuständig. Daneben verwaltet das Finanzamt Main-Süd übergreifend die Kraftfahrzeugsteuer für einige Kreise.

Auf der anderen Seite lässt das Finanzamt Mainz-Süd auch Aufgaben von anderen Finanzämtern für sich wahrnehmen. So nimmt beispielsweise das Finanzamt Mainz-Mitte die Aufgaben der Körperschaftsteuer und das Finanzamt Idar-Oberstein die Aufgaben der Finanzkasse für Mainz-Süd wahr.

8.2 Besteuerungsverfahren

Abgabe der Steuererklärung

↓

Ermittlungsverfahren
In diesem Verfahrensstadium werden die Besteuerungsgrundlagen ermittelt. Es wird geklärt, welche Sachverhalte der StPfl. verwirklicht hat und wie sie steuerlich zu beurteilen sind. Im Regelfall wird die Steuererklärung im Finanzamt an Hand der beigefügten und sonst herbeigezogenen Belege und Beweismittel geprüft.

↓

Festsetzungsverfahren
Wenn sämtliche Besteuerungsgrundlagen feststehen, wird die Steuer durch einen bindenden Steuerbescheid (Verwaltungsakt) gegenüber dem StPfl. festgesetzt. Mit diesem VA legt die Behörde fest, wie sie die verwirklichten Sachverhalte steuerlich würdigt und in welcher Höhe Steuern entstanden sind. Der Steuerbescheid ist das zentrale Rechtsinstitut der AO. Sofern der StPfl. einverstanden ist und ihn nicht anficht, erwächst der Bescheid in Bestandskraft. Dies bedeutet, dass er befolgt werden muss und von der Behörde vollzogen und vollstreckt werden kann.

↓ ↓

Erhebungs- und Vollstreckungsverfahren
Zahlt der StPfl. bei Fälligkeit der Steuer nicht, hat die Behörde den Steueranspruch zwangsweise beizutreiben. Zu diesem Zweck kann das Finanzamt Forderungen pfänden (z.B. Gehalt, Bankguthaben), bewegliche Sachen und Immobilien versteigern lassen sowie Konkursanträge stellen.

Einspruchs- und Klageverfahren
Ist der StPfl. mit seinem Steuerbescheid nicht einverstanden, hat er zunächst bei der Behörde, von der der Bescheid kommt, Einspruch einzulegen. Erst wenn die Behörde den Einspruch zurückweist, ist der Rechtsweg zum Finanzgericht eröffnet.

Änderung von bestandskräftigen Steuerbescheiden
Unter engen Voraussetzungen ist die nachträgliche Änderung von bereits bestandskräftigen Steuerbescheiden möglich.

8.2.2 Ermittlungsverfahren

8.2.2.1 Grundzüge des Ermittlungsverfahrens

Im Ermittlungsverfahren werden die Sachverhalte, welche für die Bemessung der Steuer maßgeblich sind, durch das Finanzamt ermittelt. Dies erfolgt sowohl zugunsten, wie auch zuungunsten des Steuerpflichtigen. Hierbei bildet vor allem die vom Steuerpflichtigen eingereichte Steuererklärung die Basis für das Ermittlungsverfahren des Finanzamts. Gemäß § 85 AO und Art. 3 Abs. 1 GG gelten die Grundsätze der Gesetzmäßigkeit und der Gleichmäßigkeit der Besteuerung.

Da es aus Zeitgründen nicht möglich ist, jede Steuererklärung bis ins Detail zu prüfen, kann das Finanzamt nach eigenem pflichtgemäßen Ermessen (§ 86 AO) und für jeden Einzelfall (§ 88 AO) die Art und den Umfang der Ermittlung individuell bestimmen. Daneben ist durch die Einführung der elektronischen Steuererklärung (ELSTER) eine schnellere Bearbeitung möglich, da eine manuelle Datenerfassung durch die Finanzbeamten entfällt.

8.2.2.2 Mitwirkungs-, Auskunftspflicht und Zwangsmittel

Die Steuerpflichtigen sind zur Mitwirkung im Steuerermittlungsverfahren verpflichtet. Nach § 90 AO kommen Steuerpflichtige dieser Pflicht insbesondere durch vollständige und wahrheitsgemäße Angaben in ihren Steuererklärungen nach. Die AO kennt folgende Mitwirkungspflichten:

- Unternehmen haben eine Buchführungs- und Aufzeichnungspflicht (§§ 140, 141 AO)
- die Steuerpflichtigen und andere Personen haben Auskünfte zu erteilen und Beweismittel vorzulegen (§§ 92, 93 AO)
- Sachverständigen können hinzugezogen werden (§ 96 AO)
- die Vorlage von Büchern, Aufzeichnungen, Geschäftspapieren und Urkunden (§ 97 AO)
- Duldung der Augenscheinnahme und das Betreten von Räumen und Grundstücken durch Mitarbeiter der Finanzbehörde (§§ 98 f. AO)
- Pflicht zur Abgabe von Steuererklärungen (§§ 149 ff. AO) und Anzeigepflicht der Erwerbstätigkeit (§ 138 AO)

Das Finanzamt kann die Vorlage von Urkunden gem. § 97 AO erst verlangen, wenn Auskünfte verweigert, unzureichend oder falsch erteilt wurden. Die Auskunft ist in der Regel die einfachste Form, den Sachverhalt aufzuklären. Auskunftsersuchen müssen nach § 93 Abs. 2 AO schriftlich ergehen. Auskünfte sind wahrheitsgemäß zu erteilen und ggf. mit Aufzeichnungen zu belegen. Falls dies nicht ausreicht, kann das Finanzamt z. B. die Vorlage von Kontoauszügen von der Bank verlangen, wenn eine zuvor geforderte Auskunft über das Konto ohne Ergebnis blieb (BFH Urteil vom 24.2.2010, BStBl II 2011, S. 5). Nach § 93 Abs. 7 AO ist ein automatischer Abruf der Kontoinformationen (§ 93b AO) z. B. für Kapitalerträge des § 2 Abs. 5b EStG zulässig.

Ein Verwaltungsakt kann mit Zwangsmitteln durchgesetzt werden (§ 328 Abs. 1 AO). Dies ist vor allem notwendig, wenn der Steuerpflichtige seine Mitwirkungspflicht nicht erfüllt z. B. Steuererklärungen nicht abgibt oder keine Auskünfte erteilt. Die Androhung von Zwangsgeld liegt im Ermessen des Finanzamts. Sie ergeht schriftlich und nennt eine Frist, innerhalb derer der Steuerpflichtige seiner Verpflichtung nachkommen kann. Tut er dies nicht, setzt die Finanzbehörde das Zwangsgeld fest (§ 333 AO).

8.2.3 Festsetzungsverfahren

8.2.3.1 Steuerbescheide und sonstige Verwaltungsakte

Dem Ermittlungsverfahren folgt das Festsetzungsverfahren. Die konkrete Steuerschuld wird seitens des Finanzamtes bestimmt und mittels Steuerbescheid festgesetzt (§ 155 Abs. 1 AO). Der Steuerbescheid ist ein Verwaltungsakt i. S. d. § 118 AO. Es handelt sich um eine behördliche Maßnahme, die einen Einzelfall regelt. Dabei muss der Steuerbescheid bestimmte Bestandteile enthalten, da er sonst nichtig und unwirksam ist (§ 125 AO). Der Bescheid muss den Steuerschuldner, Art und Höhe der Steuerschuld und den Besteuerungszeitraum (§ 157 AO) nennen. Außerdem bedarf der Bescheid der Schriftform (§ 157 AO) und die erlassende Behörde muss als Absender erkenntlich sein (§ 119 AO). Seit dem Veranlagungszeitraum 2000 besteht außerdem die Möglichkeit der elektronischen Abholung der Steuerbescheide im ELSTER-Verfahren.

Dem Steuerbescheid sind eine Rechtsbehelfsbelehrung und eine Begründung beizufügen (§ 157 AO). Bei fehlendem Rechtsbehelf verlängert sich die Einspruchsfrist von einem Monat auf ein Jahr (§ 365 AO). Der Steuerbescheid ist der wichtigste Verwaltungsakt. Verwaltungsakte werden in nicht begünstigende und begünstigende eingeteilt. Zu den nicht begünstigenden gehören neben den Steuerbescheiden z. B. Bescheide über Säumniszuschläge (§ 240 AO) oder Zwangsgelder (§ 328 AO). Zu den begünstigenden Verwaltungsakten zählen z. B. Stundung (§ 222 AO) und Fristverlängerung (§ 109 AO).

8.2.3.2 Bekanntgabe des Steuerbescheids und Berechnung von Fristen

Ein Verwaltungsakt muss dem Steuerpflichtigen bekannt gegeben werden (§ 122 AO), damit er wirksam ist. Das ist der Fall, sobald der Steuerbescheid in den Machtbereich des Steuerpflichtigen gelangt und er somit von diesem Kenntnis haben kann. Eine tatsächliche Kenntnis ist nicht erforderlich (Machtbereichstheorie).

Die Bekanntgabe erfolgt in der Regel durch einfachen Brief. Nach § 122 Abs. 2 AO gilt der Steuerbescheid am dritten Tag nach Aufgabe zur Post als zugegangen und wirksam bekanntgegeben (3-Tages-Fiktion). Falls die Bekanntgabe auf einen Samstag, Sonntag oder gesetzlichen Feiertag fallen würde, so gilt der Bescheid als am nächsten Werktag zugegangen. Ein früherer Zugang ist unbeachtlich (Ereignisfiktion nach § 122 AO). Sollte der Zugang tatsächlich später erfolgt sein, so muss der Steuerpflichtige dies beweisen. Der tatsächliche Zugangszeitpunkt gilt dann als Tag der Bekanntgabe. Wenn der Steuerbescheid überhaupt nicht zugegangen ist, hat das Finanzamt die Beweislast dafür, dass der Steuerbescheid zugegangen ist. Da dies nahezu unmöglich ist, wird in der Praxis der Bescheid meist erneut per Einschreiben mit Rückschein versendet.

Die Fristen und Termine sind in den §§ 108, 109 AO geregelt. Die Fristen sind in Ereignis- und Beginnfristen (§ 187 BGB) unterteilt. Bei allen Fristen sind 3 Fragen von Bedeutung: Wann beginnt die Frist, wie lange dauert sie und wann endet die Frist. Die Fristberechnung richtet sich nach § 108 Abs. 1 AO. Die Ereignisfrist ist von dem Eintreffen eines Ereignisses abhängig (z. B. Rechtsbehelfsfrist). Hier beginnt die Frist erst mit Ablauf des Ereignistages zu laufen.

Beispiel:
Der Steuerbescheid wird am Montag, dem 5. Dezember 2011 als Brief zur Post gegeben. Entsprechend der 3-Tages-Fiktion gilt der Brief am Donnerstag, dem 8.12.2011 als bekannt gegeben. Die Frist beginnt am darauffolgenden Tag zu laufen, also am 9.12.2011. Die Rechtsbehelfsfrist beträgt einen Monat und endet am 8.1.2012 um 24:00 Uhr.

Der Einspruch gilt als fristgerecht erhoben, wenn er vor Fristende bei der Finanzbehörde eingeht (§ 357 Abs. 2 AO). Er ist also spätestens am letzten Tag der Frist bis 24:00 Uhr abzugeben. Fehlt bei einer Monatsfrist im Monat des Fristendes der maßgebende Tag, so endet die Frist mit Ablauf des letzten Tages dieses Monats (§ 188 Abs. 3 BGB). Hier ist jedoch die Verschiebung des Fristendes nach § 108 Abs. 3 AO zu beachten.

Beispiel:
Die Bekanntgabe eines Einspruchs erfolgt am 31.1.2012. Die Einspruchsfrist beginnt somit am 1.2.2012 um 0:00 Uhr und müsste am 31.2.2012 enden. Da der letzte Tag des Februars aber der 29te ist, endet die Frist am 29.2.2012 um 24:00 Uhr. Falls das Ende einer Frist auf einen Samstag, Sonntag oder gesetzlichen Feiertag fällt, so endet die Frist mit Ablauf des nächsten Werktages (§ 108 Abs. 3 AO).

Beispiel:
Das rechnerische Fristende fällt auf Samstag, den 24.12.2011. Da der 25te und 26te gesetzliche Feiertage sind, endet die Frist erst am Dienstag, dem 27.12.2011 um 24:00 Uhr. Im Unterschied zu der Ereignisfrist wird bei der Beginnfrist der betreffende Tag mitgezählt. Die Frist beginnt bereits um 0:00 Uhr des betreffenden Tages. Beispiele für Beginnfristen sind die Stundung oder der Säumniszuschlag.

Beispiel:
Die Säumnis beginnt am Mittwoch, dem 11. Januar 2012 und beträgt zwei Wochen. Somit beginnt die Frist bereits am 11. Januar um 0:00 Uhr und endet am Dienstag, dem 23.1.2012 um 24:00 Uhr.

Da den Steuerbeamten nach Angaben des Bundes der Steuerzahler im Durchschnitt nur wenige Minuten Bearbeitungszeit für jeden einzelnen Steuerfall bleiben, sind die Steuerbescheide fehleranfällig. Daher sollte der Steuerpflichtige seinen Bescheid genau prüfen. Es ist es entscheidend zu wissen, wie die Fristen korrekt zu ermitteln sind, damit ein eventuell notwendiger Einspruch fristgerecht eingelegt werden kann.

8.2.3.3 Vorbehalt der Nachprüfung und vorläufige Steuerfestsetzung

Die Steuerfestsetzung kann sowohl unter Vorbehalt der Nachprüfung, als auch vorläufig erfolgen (§ 165 Abs. 3 AO).

Ohne Begründung darf das Finanzamt den Steuerbescheid unter Vorbehalt der Nachprüfung erlassen und somit den Eintritt der Bestandskraft hinausschieben. Zunächst verlässt sich das Finanzamt auf die Angaben den Steuerpflichtigen und prüft den Steuerfall nur auf Schlüssigkeit und offensichtliche Fehler. Durch den o. g. Vorbehalt kann das Finanzamt den Fall zu einem späteren Zeitpunkt abschließend prüfen (§ 164 AO). Dies gewährleistet eine zeitnahe Bearbeitung der Steuerfälle. Während des Vorbehalts der Nachprüfung kann das Finanzamt den Bescheid in vollem Umfang ändern oder aufheben, da noch keine Bestandskraft eintritt. Auch der Steuerpflichtige kann in diesem Zeitraum einen Antrag auf Änderung stellen. Der Vorbehalt erlischt, sobald die Festsetzungsfrist abgelaufen ist (§ 164 AO).

Kraft Gesetz stehen Steueranmeldungen (§ 168 AO) und Vorauszahlungsbescheide immer unter dem Vorbehalt der Nachprüfung (§ 164 AO).

Im Unterschied zum Vorbehalt der Nachprüfung werden bei der vorläufigen Steuerfestsetzung (§ 165 AO) nur strittige Sachverhalte offen gehalten. Dies ist notwendig, wenn das Finanzamt einen Sachverhalt nicht zeitnah aufklären kann oder es sich um eine Rechtsfrage handelt, die momentan beim Bundesfinanzhof geklärt wird. Der Bescheid ist, mit Ausnahme des vorläufigen Teils, bereits bestandskräftig (§ 165 Abs.1 AO). Eine Änderung oder Aufhebung des Steuerbescheids ist nur für den vorläufigen Teil möglich. Sobald der Sachverhalt entschieden ist, erfolgt entweder eine Änderung des Steuerbescheids oder er wird für endgültig erklärt. Die Möglichkeit einer vorläufigen Steuerfestsetzung soll außerdem Masseneinsprüche vermeiden. Ein Beispiel hierfür war die Diskussion um die Pendlerpauschale. Alle Betroffenen konnten von der Entscheidung profitieren, ohne einzeln Einspruch einlegen zu müssen.

8.2.4 Erhebungsverfahren

8.2.4.1 Grundzüge

Das Erhebungsverfahren befasst sich mit der Verwirklichung des Steueranspruchs. Rechtsgrundlage hierfür ist die Steuerfestsetzung (§ 218 AO) bzw. der Verwaltungsakt.

Mit Eintritt der Fälligkeit endet die Zahlungsfrist. Die Fälligkeit ist grundsätzlich in den Einzelsteuergesetzen geregelt. Beispielsweise ist die Abschlusszahlung bei der Einkommensteuer einen Monat nach Bekanntgabe des Steuerbescheids fällig (§ 36 Abs. 4 EStG).

Falls in den Einzelsteuergesetzen keine Fälligkeitsregelung getroffen ist, greift die Regelung nach § 220 AO ein. Der Steueranspruch wird grds. mit seiner Entstehung fällig. Ausnahmen ergeben sich nach § 220 Abs. 2 AO.

8.2.4.2 Verlängerung von Fristen

Eine Möglichkeiten zur Fristverlängerung ist die Stundung (§ 220 AO). Hierfür müssen allerdings Stundungszinsen gezahlt werden (§ 234 AO).

Für die Stundung müssen folgende Voraussetzungen vorliegen:

- eine sachliche oder persönliche erhebliche Härte für den Steuerpflichtigen, z. B. wenn Gegenansprüche des Steuerpflichtigen zu erwarten sind oder der Steuerpflichtige arbeitslos ist
- keine Gefährdung der Ansprüche besteht

Die Gewährung der Stundung ist immer eine Ermessensentscheidung des Finanzamts. Die Zinsen (§ 238 AO) hierfür betragen ein halbes Prozent für jeden Monat ab Beginn des Zinslaufs und werden auf einen durch 50 teilbaren Betrag abgerundet.

Eine weitere Möglichkeit ist die Aussetzung der Vollziehung (AdV) nach § 361 AO. Aussetzungsgründe sind ernstliche Zweifel an der Rechtmäßigkeit des Verwaltungsaktes und unbillige Härte für den Steuerpflichtigen. Durch die AdV bleibt der Verwaltungsakt vorläufig unbeachtet.

Die dritte Möglichkeit ist der Vollstreckungsaufschub gemäß § 258 AO.

8.2.4.3 Erlöschen der Steuerschuld

Der Steueranspruch erlischt nach § 47 AO durch:

- Zahlung § 224 AO
- Aufrechnung § 226 AO
- Erlass § 227 AO
- Festsetzungsverjährung §§ 169 ff. AO
- Zahlungsverjährung § 228 ff. AO

Bei den ersten drei Gründen erlischt die Schuld durch Erfüllung. Bei den beiden letzten Gründen erlischt sie trotz Nichterfüllung.

Eine Steuerschuld erlischt in der Regel durch Zahlung der Steuer (§§ 224 ff. AO). Der Steuerpflichtige kann die Steuerschuld überweisen, bar zahlen oder einen Scheck einreichen. Als Eingang der Zahlung gilt der Tag der Gutschrift auf dem Konto des Finanzamts bzw. bei Barzahlung oder Scheck der Eingang beim Finanzamt. Auch die Zahlung durch einen Dritten hat befreiende Wirkung (§ 48 AO).

Wenn der Steuerpflichtige seiner Pflicht zur Zahlung nicht rechtzeitig nachkommt, fällt ein Säumniszuschlag an (§ 240 AO). Der Zuschlag beträgt ein Prozent pro angefangenen Monat. Der Steuerbetrag, als Grundlage diese Berechnung, ist zunächst abzurunden. Dem Steuerpflichtigen wird eine Schonfrist von 3 Tagen eingeräumt.

Die Steuerschuld kann weiterhin durch Aufrechnung (§ 226 AO) erlöschen. Hierbei wird die Hauptforderung mit einer Gegenforderung verrechnet, wobei der § 387 BGB gilt. Es muss sich also um 2 Forderungen in Form einer Geldleistung handeln.

Eine in der Praxis selten vorkommende Form des Erlöschens des Steueranspruchs ist der Erlass. Nach § 163 AO kann bereits bei der Festsetzung der Steuer diese aus Billigkeitsgründen unterbleiben. Somit entsteht gar nicht erst ein Anspruch. Der Erlass kann sich aber auch auf einen bereits bestandkräftigen Steuerbescheid richten. Hier würden tatsächliche Ansprüche nach § 227 AO erlassen. Dies ist nur möglich, wenn der Steuerpflichtige persönliche Gründe, wie eine drohende Existenzgefährung oder sachliche Gründe, wie die Entstehung einer unangemessenen Härte, vorweisen kann. Das Finanzamt gewährt einen solchen Erlass äußerst selten, da dies gegen den Gleichmäßigkeitsgrundsatz der Besteuerung verstößt.

8.2 Besteuerungsverfahren

Bei der Verjährung ist zwischen der Festsetzungsverjährung, wonach kein Steueranspruch mehr erstmals festgesetzt oder geändert werden kann, und der Zahlungsverjährung zu unterscheiden.

Die Festsetzungsverjährung beginnt mit Ablauf des Kalenderjahres, in dem die Steuer entstanden ist (§ 170 Abs. 1 AO). Eine Ausnahme bildet die Anlaufhemmung (§ 170 AO), welche für Besitz- und Verkehrssteuern gilt. Die Festsetzungsfrist beginnt mit Ablauf des Jahres der Abgabe der Steuererklärung, jedoch spätestens drei Jahre nachdem die Steuer entstanden ist.

Die Festsetzungsfrist beträgt, mit Ausnahme der Verbrauchsteuern (hier: 1 Jahr) grds. vier Jahre. Wenn ein Steuerpflichtiger bei seiner Steuererklärung nachlässig war und die Steuer leichtfertig verkürzte, beträgt die Frist fünf Jahre. Sie verlängert sich bei Steuerhinterziehungen auf zehn Jahre (§ 169 AO). In Fällen der Anlaufhemmung kann die Frist im Fall der Steuerhinterziehung, maximal 13 Jahre betragen.

Außerdem kann sich die Frist durch die Ablaufhemmung verlängern (§ 171 AO). Die wichtigsten Fälle sind:

- die Frist endet nicht vor Ablauf eines Jahres nach Bekanntgabe des Steuerbescheids, wenn eine offenbarer Unrichtigkeit vorliegt
- bei Antrag auf Änderung des Bescheids läuft die Frist nicht ab, bevor über den Antrag entschieden ist
- bei einem Einspruch oder einer Klage erst mit Unanfechtbarkeit des Rechtsbehelf
- bei Beginn der Außenprüfung erst mit einer wirksamen Prüfungsanordnung
- bei vorläufiger Steuerfestsetzung endet die Festsetzungsfrist erst nach Beseitigung der Ungewissheit.

Die Zahlungsverjährung beträgt 5 Jahre und beginnt grds. mit Ablauf des Jahres, in dem der Anspruch erstmals fällig ist (§§ 228, 229 AO).

8.2.5 Nachträgliche Korrektur von Verwaltungsakten

Ein Steuerbescheid kann nach Eintritt der Bestandskraft grds. nicht mehr geändert werden. Sofern er allerdings materielle Fehler aufweist, besteht das Bedürfnis nach deren Beseitigung. Dem wird durch die eng begrenzen Korrekturvorschriften Rechnung getragen (§§ 126, 172 ff. AO).

Zunächst ist zu prüfen, ob eine Korrektur nach §§ 129 bis 131 AO möglich ist. Dies betrifft Verwaltungsakte, die eine offenbare Unrichtigkeit § 129 AO, wie z. B. einen Tippfehler aufweisen. Diese können jederzeit korrigiert werden.

Rechtswidrige Verwaltungsakte können nach § 130 AO zurückgenommen werden, was sowohl für die Zukunft, als auch für die Vergangenheit gelten würde. Ein Widerruf nach § 131 AO gilt hingegen nur ex nunc, somit also nur für die Zukunft.

Eine weitere Korrekturmöglichkeit beinhalten die §§ 172 ff. AO. Der § 172 AO beschäftigt sich mit der schlichten Änderung. Eine Änderung ist hier möglich, wenn der Antrag eines Steuerpflichtigen entsprochen wird und der Steuerpflichtige der Änderung zustimmt. Hier sind keine Formvorschriften vorgeschrieben. Weitere Fälle, die der § 172 AO kennt, sind die Anwendung von unlauteren Mittel und unrichtige Angaben des Steuerpflichtigen, z. B. bei einer vorsätzlichen Steuerhinterziehung (§ 370 AO).

Der § 173 AO sieht die Korrektur aufgrund neuer Tatsachen vor. Die Beweismittel (z. B. Zeugenaussagen, Bescheinigungen, Urkunden) müssen hierbei bereits existent gewesen sein, aber dem Finanzamt werden diese erst nachträglich bekannt. Damit der § 173 AO greift, muss sich diese neue Tatsache entscheidend auf die Höhe der Steuer auswirken. Die Änderung ist sowohl zu Lasten als auch Gunsten des Steuerpflichtigen möglich. Bei einer Änderung, welche die Steuerlast vermindern würde, muss der Steuerpflichtige jedoch beweisen, dass ihn kein grobes Verschulden für das nachträgliche Bekanntwerden angelastet werden kann.

8.3 Rechtsbehelf

8.3.1 Außergerichtlicher Rechtsbehelf

Durch den Einspruch (§§ 347 ff. AO) wird dem Steuerpflichtigen eine außergerichtliche Möglichkeit gegeben, gegen die Entscheidung der Finanzverwaltung vorzugehen. Dies entlastet die Finanzgerichte und dem Steuerpflichtigen wird ein schneller Rechtsschutz gewährt. Bevor ein Einspruch Erfolg haben kann, werden zunächst die Voraussetzungen in mehreren Schritten überprüft.

Im ersten Schritt ist die Statthaftigkeit des Verwaltungsakts zu prüfen (§ 347 AO).

Bei der nachfolgenden Prüfung der Zulässigkeit wird untersucht, ob eine Rechtsverletzung oder Ermessenswidrigkeit besteht. Außerdem wird geprüft, ob der Steuerpflichtige ein Rechtsschutzbedürfnis hat, oder ob nicht ein einfacherer Weg als der Einspruch möglich wäre (AEAO zu § 350 AO).

Falls die ersten beiden Voraussetzungen erfüllt sind, ist als letzte Voraussetzung zu prüfen, ob auch die Begründetheit gegeben ist. Hier wird geprüft, ob der Steuerpflichtige durch den Verwaltungsakt beschwert und in seinen Rechten verletzt wurde (§ 350 AO).

Der Einspruch muss in Schriftform oder zur Niederschrift bei der Finanzbehörde eingereicht werden (§ 357 AO). Er soll eine Begründung enthalten.

Der Einspruch muss innerhalb eines Monats nach Bekanntgabe des Verwaltungsaktes eingelegt werden (§ 355 AO). Es handelt sich um eine gesetzliche Ausschlusspflicht, die nicht verlängert werden kann (§ 109 Abs. 1 AO). Beispiele zur Fristberechnung finden sich in Abschn. 8.2.3.2.

Wenn die Voraussetzungen erfüllt sind, wird der angegriffene Verwaltungsakt in vollem Umfang erneut geprüft (§ 367 Abs. 2 AO).

In Ausnahmefällen bleibt die Möglichkeit der „Wiedereinsetzung in den vorigen Stand", wenn den Steuerpflichtigen, z. B. durch einen längeren Urlaub, kein Verschulden an der Fristversäumnis trifft (§ 110 AO).

Da im Einspruchsverfahren der Fall komplett neu aufgerollt wird, könnte es zu einer Verböserung kommen (§ 367 Abs. 2 AO). Der Steuerpflichtige kann den Einspruch in diesem Fall noch zurücknehmen und die ursprüngliche Entscheidung wird bestandskräftig (§§ 354, 362 AO).

8.3.2 Gerichtlicher Rechtsbehelf

Eine Klage ist erst im Anschluss an das Einspruchsverfahren möglich. Bei der Klage handelt es sich um einen gerichtlichen Rechtsbehelf. Die §§ 40 und 41 FGO kennen folgende Klagearten: Anfechtungs-, Verpflichtungs- und Feststellungsklage.

Die Anfechtungsklage ist die häufigste und wichtigste Klageart. Die Anfechtungsklage richtet sich nicht gegen die Einspruchsentscheidung, sondern gegen den ursprünglichen Verwaltungsakt (§§ 44 Abs. 2 FGO). Mit der Verpflichtungsklage will der Steuerpflichtige den Erlass eines abgelehnten oder unterlassenen Verwaltungsaktes herbeiführen (§ 40 Abs. 1 FGO). Nach § 40 Abs. 1 FGO kann eine Verpflichtungsklage auch genutzt werden, um eine andere behördliche Leistung zu erreichen, wie z. B. ein Tun, Dulden oder Unterlassen.

Der Bundesfinanzhof (BFH) ist das höchste deutsche Steuergericht. Er kann zwecks Revision des Klageurteils eines Finanzgerichts angerufen werden. Grundsätzlich gilt der Vertretungszwang durch Rechtsanwälte, Steuerberater oder Wirtschaftsprüfer. Der Bundesfinanzhof ermittelt den Sachverhalt nicht erneut, sondern überprüft lediglich die Beurteilung des Finanzgerichts. Am Ende des Verfahrens ergeht das Urteil des BFH. Hierbei kann die Revision als unbegründet zurückgewiesen werden oder der BFH kann die Entscheidung des Finanzgerichts aufheben und anderweitig entscheiden. Es besteht auch die Möglichkeit, dass der Fall an das Finanzgericht zurückverwiesen wird, wenn z. B. Teile des Sachverhalts tiefergreifender geprüft werden müssen.

8.4 Prüfung durch das Finanzamt

Die Abgabenordnung räumt den Finanzämtern die Möglichkeit ein, die Besteuerungsgrundlage bei den Steuerpflichtigen vor Ort nachzuprüfen. Dies ist vor allem bei großen Unternehmen mit komplizierteren Sachverhalten erforderlich. Die Außenprüfung wird in den §§ 193 ff. AO, sowie in den allgemeinen Verwaltungsvorschriften für die Betriebsprüfung (BpO 2000) geregelt.

Neben der Betriebsprüfung im engeren Sinne, gibt es besondere Außenprüfungen (§ 1 Abs. 2 BpO 2000). Hierunter fallen z. B. die Lohnsteueraußenprüfung (§ 42f EStG) und die Umsatzsteuersonderprüfung. Beide Arten von Prüfungen sind auf die jeweilige Steuerart beschränkt und können unabhängig von dem allgemeinen Turnus der Betriebsprüfung erfolgen.

Ab dem 1.1.2002 erfolgt die Außenprüfung in digitalisierter Form. Dabei muss dem Betriebsprüfer der elektronische Zugriff auf die relevanten Daten ermöglicht werden. Die Grundlage hierfür bilden die §§ 146 f. AO, sowie die Grundsätze zum Datenzugriff und zur Prüfbarkeit digitaler Unterlagen (GDPdU). Hierdurch wurde eine Erweiterung der Kompetenzen des Prüfers ermöglicht, da er nun die Daten durch eine Prüfungssoftware der Finanzbehörden auswerten und somit weiterführende Auswertungen vornehmen kann.

Außenprüfungen sind nach § 193 AO bei gewerblichen Betrieben, land- und forstwirtschaftlichen Betrieb und Freiberuflern zulässig. Der sachliche Umfang (§ 194 AO) kann alle Steuerarten, die für die betrieblichen Verhältnisse des Steuerpflichtigen von Bedeutung sind, umfassen. Der Umfang der Außenprüfung ist der schriftlichen Prüfungsanordnung (§ 195 AO) zu entnehmen.

In der Betriebsprüfung haben die Steuerpflichtigen wie auch die Betriebsprüfer Rechte und Pflichten. So hat der Prüfer beispielsweise gemäß § 199 AO die für die Steuerpflicht maßgeblichen Tatsachen sowohl zugunsten wie auch zuungunsten des Steuerpflichtigen zu prüfen. Weiterhin muss er den Steuerpflichtigen nach § 199 AO über die möglichen steuerlichen Auswirkungen unterrichten. Die Prüfung ist auf das Wesentliche (§ 7 BpO 2000) und deren Dauer auf das notwendige Maß zu beschränken. Bei Verdacht einer Straftat oder Ordnungswidrigkeit hat der Betriebsprüfer eine Mitteilung an das Finanzamt machen (§ 10 BpO 2000).

Den Steuerpflichtigen trifft nach § 200 AO eine Mitwirkungspflicht. Er muss Auskünfte erteilen, Aufzeichnungen, Bücher, Geschäftspapiere und Urkunden vorlegen und Erläuterungen geben. Die Betriebsprüfung findet grundsätzlich in den Geschäftsräumen des Steuerpflichtigen statt. Der Steuerpflichtige muss dem Betriebsprüfer die Möglichkeit einräumen, das Grundstück und die Betriebsräume zu besichtigen und ihm einen Arbeitsplatz, sowie die erforderlichen Hilfsmittel unentgeltlich zur Verfügung stellen.

Der Prüfer hat das Recht, Kontrollmaterial gemäß zu erstellen (§§ 194 Abs.3 AO, 9 BpO 2000).

Im Anschluss an die Betriebsprüfung findet gewöhnlich eine Schlussbesprechung statt (§§ 210 AO, 11 BpO 2000). Diese Besprechung dient dazu, sich über strittige Sachverhalte, die rechtliche Beurteilung der Feststellungen, sowie deren steuerliche Auswirkungen auszutauschen. In diesem Gespräch hat der Steuerpflichtige die Möglichkeit, sich rechtlich Gehör zu verschaffen, um Meinungsverschiedenheiten oder Missverständnisse mit dem Finanzamt auszuräumen.

Am Ende der Betriebsprüfung steht der Prüfungsbericht (§§ 202 AO, 12 BpO 2000). In ihm werden die Ergebnisse der Prüfung schriftlich festgehalten. Hier wird vor allem auf die für die Besteuerung erheblichen Feststellungen und die Änderungen der Besteuerungsgrundlagen eingegangen. Auf Basis der Ergebnisse der Betriebsprüfung werden geänderte Steuerbescheide erlassen.

8.5 Verbindliche Auskunft

Steuerpflichtige haben die Möglichkeit von der Finanzbehörde eine verbindliche Auskunft (§ 89 AO) zu erbitten. Dies ist besonders für Unternehmen interessant, wenn sie vor Beginn der Verwirklichung eines Sachverhaltes Planungssicherheit gewinnen wollen.

Der Antrag ist bei dem örtlich zuständigen Finanzamt einzureichen. Er muss schriftlich mit der genauen Bezeichnung des Antragsstellers (Name, Wohnort, Steuernummer) erfolgen. Der geplante und noch nicht verwirklichte Sachverhalt ist darzustellen. Der Steuerpflichtige muss sein besonderes steuerliches Interesse, sowie das Rechtsproblem mit eigenem Rechtsstandpunkt darlegen.

Der Antrag kann sowohl von natürlichen, als auch von juristischen Personen oder Personengesellschaften gestellt werden.

Das Finanzamt hat die Möglichkeit die Erteilung einer verbindlichen Auskunft abzulehnen, wenn gesetzliche Regelungen in naher Zukunft erwartet werden.

Nachdem das Finanzamt eine Entscheidung getroffen hat, gibt es seine Antwort schriftlich bekannt. Diese hat Bindungswirkung, soweit der Sachverhalt exakt umgesetzt wird. Allerdings kann das Finanzamt seine Auskunft widerrufen, solang der Steuerpflichtige noch nicht damit begonnen hat, den Sachverhalt zu verwirklichen.

Bevor eine verbindliche Auskunft beantragt wird, ist zu bedenken, dass für den Antrag eine Gebühr erhoben wird (§ 89 AO). Die Gebührenpflicht entfällt aber nur für sogenannte Bagatellfälle. Diese liegen vor, wenn der Gegenstandswert unter 10.000 € (§ 89 Abs. 5 AO) liegt oder bei Anwendung der Zeitgebühr (§ 89 Abs. 6 AO) die Bearbeitungszeit weniger als 2 Stunden beträgt.

Literaturhinweise zu Kapitel 8

Gehling, A. u. a.: „Steuerrecht II" München 2010

Laschet, C.; Kontny, T.: „Das Einspruchsverfahren nach der Abgabenordnung – unter besonderer Berücksichtigung der Einspruchsfrist", in SteuerStud 2007, S. 1 ff.

Lehr, H.: „Die verbindliche Auskunft (nach Treu und Glauben)", in SteuerStud 2005, S. 195 ff.

Pfab, A.: „Der Verwaltungsakt in der Abgabenordnung", in SteuerStud 2007, S. 12 ff.

Strunk, G.: „Grundlagen der Abgabenordnung", in SteuerStud 2005, S. 286 ff.

9 Betriebswirtschaftliche Steuerlehre

9.1 Aufgaben und Konzeption der betriebswirtschaftlichen Steuerlehre

Die betriebswirtschaftliche Steuerlehre ist der Allgemeinen Betriebswirtschaftslehre zuzuordnen. Ihre generelle Aufgabe besteht darin, die Auswirkungen der Besteuerung auf das Unternehmen und die mit ihm in Verbindung stehenden Gruppen zu analysieren. Aus dieser Zielsetzung leiten sich die vier Hauptaufgaben der betriebswirtschaftlichen Steuerlehre ab:

1. Die Vermittlung steuerrechtlicher Grundkenntnisse in den betrieblich bedeutsamen Steuerarten (= Steuernormenlehre).
2. Die Einbeziehung der Besteuerung in die unternehmerische Entscheidungsfindung (= Steuerwirkungslehre). Dabei soll verdeutlicht werden, welche steuerlichen Konsequenzen den unterschiedlichen Handlungsalternativen zuzuordnen sind. Derartige Überlegungen sind nur sinnvoll vor dem Hintergrund hinreichender Kenntnisse des materiellen Steuerrechts anzustellen.
3. Die Optimierung der Entscheidung unter Einfluss der Besteuerung (= Steueroptimierungslehre). Sie soll die unter steuerlichen Erwägungen optimale Handlungsalternative ermitteln. Allerdings ist nicht zu verkennen, dass die Besteuerung nur einen der Parameter darstellt, die innerhalb der Entscheidungsfindung zu berücksichtigen sind. Aufgabe des Entscheidenden bleibt es, unter Berücksichtigung sämtlicher wesentlicher Einflussfaktoren ein Gesamtoptimum zu finden.
   Die Analyse des Steuerrechts hinsichtlich seiner einzelwirtschaftlichen Auswirkungen. Aufbauend auf den Erkenntnissen von Steuerwirkungslehre und -optimierungsanalyse werden die mikroökonomischen Konsequenzen steuerrechtlicher Normen herausgearbeitet. Daraus ergeben sich Ansätze zur Gesetzeskritik und für Vorschläge an den Gesetzgeber zur Reform des Steuerrechts. Die Überlegungen fließen z. T. unmittelbar

über die bei den Ministerien gebildeten Beiräte oder durch Anhörungen von Sachverständigen im Gesetzgebungsverfahren in den politischen Willensbildungsprozess ein. Indirekt beeinflussen sie publizistisch über die Medien die öffentliche Meinungsbildung.

Der allgemeine Gegenstand der betriebswirtschaftlichen Steuerlehre und ihr daraus abgeleitetes wissenschaftliches Programm bestimmen den Aufbau der Disziplin. Weitgehend akzeptiert ist die Untergliederung nach den Einflüssen der Besteuerung auf das Rechnungswesen der Unternehmung und die Beeinflussung von betrieblichen Aufbauentscheidungen zum Standort und der Rechtsform sowie deren Veränderungen im Zeitablauf. Weiterhin gilt es, die Besteuerungseinflüsse auf Entscheidungen in den betrieblichen Funktionsbereichen von Investition, Finanzierung, Produktion und Absatz zu verdeutlichen. Daneben hat sich die internationale betriebswirtschaftliche Steuerlehre etabliert. Ihr geht es darum, die Einflüsse der Besteuerung speziell auf grenzüberschreitende Vorgänge zu analysieren.

Anhand dreier ausgewählter Anwendungsfelder soll die Arbeitsweise der betriebswirtschaftlichen Steuerlehre verdeutlicht werden. Für Investitionsentscheidungen, bei der privaten Vermögensanlage sowie der Wahl der Rechtsform wird gezeigt, wie Steuerwirkungen in die Entscheidungsfindung einzubeziehen sind und sie beeinflussen.

9.2 Einfluss der Besteuerung auf ausgewählte Entscheidungen

9.2.1 Besteuerung und Investitionsentscheidungen

Besonders intensiv wurden bisher in der Fachliteratur die Einflüsse der Besteuerung auf Investitionsentscheidungen untersucht. Steuern verändern zunächst die absolute Höhe der Vorteilhaftigkeit einer Investition. Darüber hinaus kann es bei gleichzeitiger Betrachtung von mehreren Investitionsalternativen bei Berücksichtigung der Besteuerung zu einer Veränderung der Rangfolge der Vorteilhaftigkeit der einzelnen Objekte kommen. Unter Einbeziehung der Besteuerung in das Investitionskalkül würde sich also eine andere Alternative als optimal erweisen als es unter Vernachlässigung der Steuereinflüsse der Fall wäre. Deshalb ist es erforderlich, insbesondere die Erfolgsbesteuerung in die Investitionsanalyse einzubeziehen, um Fehlentscheidungen zu vermeiden.

9.2.1.1 Erfolgsbesteuerung im Kapitalwertkalkül

Zur Abbildung von Steuereinflüssen sind vorrangig die dynamischen Verfahren der Investitionsrechnung geeignet. Mit Hilfe des Kapitalwertkriteriums werden absolute und relative Vorteilhaftigkeit einer Investition beschrieben. In seiner Grundform gilt für den Kapitalwert C_0:

$$C_0 = -A_0 + \sum_{t=1}^{T}(E_t - A_t) \cdot (1+i)^{-t}$$

9.2 Einfluss der Besteuerung auf ausgewählte Entscheidungen

Mit:

A_0: Anschaffungsauszahlung (Investition)
E_t, A_t: objektbezogene Ein- und Auszahlungen des Jahres t
T: $1\ldots T$ = Zeitindex
i: Kalkulationszinssatz

Die Besteuerung beeinflusst die Glieder dieser Formel auf unterschiedliche Weise. So würden die Anschaffungsauszahlungen A_0 durch Grunderwerbsteuer und nichtabziehbare Vorsteuer erhöht werden. Mit den Kostensteuern (Grund-, Kfz-, Versicherung-, MinöSt) treten neben die übrigen objektbezogenen $A_t^{\text{übr.}}$ zusätzliche steuerbedingte Auszahlungen $A_t^{\text{KoSt}} A_t^{\text{KoSt}}$.

Gewerbe- und Körperschaftsteuer als Vertreter der Gewinnsteuern führen zu weiteren Auszahlungen. Sie ermitteln sich in ihrer Grundvariante, indem auf die für beide Steuerarten als identisch vorausgesetzte Bemessungsgrundlage ein kombinierter Steuersatz angewendet wird. Zur Bestimmung der ertragsteuerlichen Bemessungsgrundlage B_t bedarf es noch der Periodisierung der Anschaffungsauszahlungen A_0 über die Abschreibungen AfA_t. Die Ertragsteuern S sind dann auf folgende Bezugsgröße zu beziehen:

$$B_t = E_t - A_t^{\text{übr.}} - A_t^{\text{KoSt}} - AfA_t$$

Der kombinierte Ertragsteuersatz für GewSt und KSt ergibt sich bei identischer Bemessungsgrundlage als

$$s = s^{\text{KSt}} + s^{\text{GewSt}}$$

Die als gesonderte Auszahlungen zu berücksichtigenden Ertragsteuerzahlungen belaufen sich dann auf:

$$S_t = B_t \cdot s$$

$$S_t = (E_t - A_t^{\text{übr.}} - A_t^{\text{KoSt}} - AfA_t) \cdot s$$

Ferner wirkt sich die Besteuerung auf den Kalkulationszins aus. Er hat eine doppelte Aufgabe zu erfüllen. Einerseits macht er zeitlich unterschiedliche Zahlungsströme durch Verzinsung auf einen gemeinsamen Bezugszeitpunkt vergleichbar. Andererseits bezeichnet er die Kosten der Fremdfinanzierung bzw. die Opportunitätskosten aus einer alternativen Verwendung des Anlagebetrags im Falle der Finanzierung mit Eigenkapital. Sofern nun die alternative Anlage von Eigenmitteln zu steuerpflichtigen Erträgen führt oder die Aufnahme von Fremdkapital mit gewinnminderndem Zinsaufwand verbunden ist, bedarf es einer Minderung des Kalkulationszinssatzes um die Effekte aus der Erfolgsbesteuerung. Er wird nunmehr als Nettokalkulationszins $i_s = i \cdot (1 - s)$ formuliert. Dadurch gelingt es, den Kapitalwert als Maßstab für den nach Abzug der Besteuerung verbleibenden Erfolg einer Investition zu verwenden. Unter Einbeziehung von Kosten- und Erfolgsteuern erweitert er sich zu:

$$C_S = -A_0 + \sum_{t=1}^{T} (E_t - A_t^{\text{übr.}} - A_t^{\text{KoSt}} - S_t) \cdot (1 + i_s)^{-t}$$

Beispiel:
Eine Kapitalgesellschaft plant den Erwerb eines beweglichen Anlagegegenstands. Im Zuge der Investitionsanalyse wurden folgende Daten zusammengestellt:

Anschaffungskosten	100.000 €
Objektbezogener jährlicher Einzahlungsüberschuss	40.000 €
Projektdauer	4 Jahre
Absetzung für Abnutzung	Nach der linearen Methode bei betriebsgewöhnlicher Nutzungsdauer von 4 Jahren
Hebesatz zur Gewerbesteuer	450 %
Körperschaftsteuersatz (ohne Solidaritätszuschlag)	15 %
Kalkulationszinssatz	10 %

Es ist der Kapitalwert der geplanten Investition unter Einbeziehung der Besteuerung (C_S) zu bestimmen!

	t_1 €	t_2 €	t_3 €	t_4 €	Summe €
$E_t - A_t$	40.000	40.000	40.000	40.000	160.000
$B_t = E_t - A_t - AfA_t$	15.000	15.000	15.000	15.000	60.000
$S_t = B_t \, s$	4.612	4.612	4.612	4.612	18.000
(mit s = 0,15 + 0,1575 = 0,3075)					
$E_t - A_t - S_t$	35.388	35.388	35.388	35.388	141.552
$(E_t - A_t - S_t) \, 1,06925^{-t}$	33.096	30.953	28.948	27.073	120.070
A_0					-100.000
C_S					20.070

9.2.1.2 Erfolgsbesteuerung in finanzplanorientierten Investitionsrechnungen

Aufgrund seiner restriktiven Prämissen kann das Kapitalwertkriterium die Wirklichkeit nur unzulänglich abbilden. Die Bedingung des vollkommenen Kapitalmarkts mit einem einheitlichen Zins für Kapitalaufnahme und -anlage stellt vielfach eine unzulässige Vereinfachung dar. Um diese Unzulänglichkeiten zu vermeiden, werden Investitionsrechnungen alternativ auf der Basis von Finanzplänen vorgenommen. Sie ermöglichen vor allem eine flexiblere Abbildung der Finanzierungsbedingungen. So erlauben sie es, Tilgungs- und Auszahlungsmodalitäten von zur Objektfinanzierung aufgenommenen Darlehen, unterschiedliche Soll- und Habenzinssätze und während der Planungsdauer auftretende Finanzierungsüberschüsse und -defizite detailliert zu berücksichtigen.

Zur Verdeutlichung der Funktionsweise von vollständigen Finanzplänen soll das vorangegangene Beispiel leicht abgewandelt werden. Ergänzend wird angenommen, dass die Finanzierung des Anlagenerwerbs mittels eines Darlehens von 100.000 € erfolgt. Es ist in Raten von 25.000 € jeweils zum Jahresende zu tilgen. Der Darlehenszins beträgt 10 % p. a. Aus dem Objekt resultierende Finanzierungsüberschüsse können zu 5 %. p. a. angelegt werden. Nachfinanzierungen unterliegen einem Sollzins von 12 % p. a. Sämtliche Zinsen werden zum Jahresende abgerechnet.

	t_1 €	t_2 €	t_3 €	t_4 €
Geldvermögen am Anfang des Jahres	0	3.462	8.776	16.004
$E_t - A_t$	40.000	40.000	40.000	40.000
Zinsaufwand Darlehen	10.000	7.500	5.000	2.500
Zinsertrag auf Geldvermögen am Anfang des Jahres	0	173	438	800
$B_t = E_t - A_t - AfA_t +/- $ Zinsen	5.000	7.673	10.438	13.205
$S_t = B_t \cdot s$ [mit $s = 0{,}3075$]	1.538	2.359	3.210	5.121
Tilgung Darlehen A_0	25.000	25.000	25.000	25.000
Überschuss der Einzahlungen	3.462	5.314	7.228	8.179
Geldvermögen am Ende des Jahres	3.462	8.776	16.004	24.183

Der Finanzplan ist hier als Partialmodell ausgestaltet, in dem lediglich die durch das Investitionsobjekt ausgelösten Zahlungen aufgeführt sind. Die Vorteilhaftigkeit der Investition lässt sich unmittelbar anhand des Bestands an Geldvermögen am Ende des Jahres 4 (24.183 €) ablesen. Er entspricht inhaltlich dem Kriterium des Vermögensendwerts.

9.2.2 Besteuerung und Wahl der Rechtsform

Die Entscheidung über die Wahl der Rechtsform einer Unternehmung ist durch zahlreiche Faktoren beeinflusst. Neben Fragen der Haftung, Leitung, Kapitalbeschaffung, Mitbestimmung, Nachfolgeregelungen u. a. sind die Aspekte der Besteuerung zu beachten. Steuerliche Probleme ergeben sich bei der Gründung eines Unternehmens, der Erfassung seiner laufenden Ergebnisse sowie der Beendigung des unternehmerischen Handelns. In Abhängigkeit von der gewählten Rechtsform auftretende steuerliche Unterschiede lassen sich in einem Normenvergleich aufzeigen. Dabei werden für die wichtigsten steuerlichen Parameter in den betroffenen Steuerarten zwischen den Rechtsformen auftretende Unterschiede als jeweilige Vor- bzw. Nachteile gewürdigt. Der Vergleich erlaubt zwar eine Orientierung und erste Einschätzung der Verhältnisse. Eine Quantifizierung von Teil- und Gesamteffekten ist jedoch nicht möglich. Diese Aufgaben kann eine Veranlagungssimulation erfüllen. Kasuistisch ausgestaltet, zeigt sie für eine gegebene Datenkonstellation die steuerlichen Gesamtbelastungen unterschiedlicher Gestaltungsvarianten auf. Verallgemeinerungen und Sensitivitätsbetrachtungen sind dann über die Variation einzelner Parameter darstellbar.

Von Interesse für die weitere Analyse ist hier ausschließlich der Komplex der laufenden Besteuerung. Zunächst gilt es, im Zuge der Aufbauentscheidungen eine in Anbetracht der verschiedenen Anforderungen optimale Gestaltung zu entwickeln. Sie bedarf im Zeitablauf ggf. der Anpassung, wenn sich wesentliche Entscheidungsparameter geändert haben. Ein derartiger Anpassungsbedarf kann u. a. durch grundlegende Änderungen des Steuerrechts ausgelöst werden.

Die Vorgehensweise wird erläutert, indem für eine Fallkonstellation untersucht wird, welche der Gestaltungen als OHG, GmbH & Co. KG oder GmbH unter steuerlichen Gesichtspunkten am günstigsten ist.

1. Sachverhalt

Felicitas Schöne (37 Jahre) und Ute Schatz (35 Jahre) wollen gemeinsam in Mainz-Gonsenheim ein Fotogeschäft betreiben. Beide sollen je zur Hälfte an den Ergebnissen und am Vermögen der Gesellschaft einschließlich der stillen Reserven beteiligt sein. Gegenstand ihres Unternehmens sind die Ausführung von Fotoarbeiten sowie der Handel mit Fotogeräten und -zubehör.

Aus ihren Aktivitäten erwarten die Gesellschafterinnen ein jährliches operatives Ergebnis (EBIT) von 150.000 €. Zur Finanzierung ihres Unternehmens bringen die Gesellschafterinnen gemeinsam 100.000 € als Eigenmittel auf. Der weitergehende Kapitalbedarf wird mit Hilfe eines langfristigen Fälligkeitsdarlehens, das mit 7 % pro anno zu verzinsen ist, über ein Kreditinstitut finanziert. Daraus resultiert eine jährliche Zinsbelastung von 7.000 €.

Der Hebesatz zur GewSt beträgt in Mainz 440 %.

Beide Gesellschafterinnen sind nicht verheiratet und konfessionslos. Bei der Ermittlung ihrer zu versteuernden Einkommen sind jeweils Abzüge von 10.000 € zu berücksichtigen.

Falls die Gesellschaft in der Rechtsform der GmbH betrieben wird, würden Frau Schatz und Frau Schöne als Gesellschaftergeschäftsführerinnen tätig werden. Ihre angemessenen Geschäftsführergehälter würden jeweils 45.000 € betragen. Ein verbleibender Bilanzgewinn der GmbH soll vollständig ausgeschüttet werden. In der Variante der GmbH & Co. KG soll die Komplementär-GmbH ihre Gewinne thesaurieren.

9.2 Einfluss der Besteuerung auf ausgewählte Entscheidungen

2. Aufgabe

Es ist in Hinblick auf die laufende Belastung mit Ertragsteuern eine Empfehlung an die Gesellschafterinnen auszusprechen, ob sie ihrem Unternehmen die Rechtsform einer Kapital- oder Personengesellschaft geben sollen. Berechnungsbasis sind die steuerlichen Bedingungen des Jahres 2012. Als Personengesellschaften kommen die offene Handelsgesellschaft oder die GmbH & Co. KG in Betracht. In der Variante der GmbH & Co. KG soll davon ausgegangen werden, dass die alleinhaftende GmbH nicht am Kapital der KG beteiligt ist. Aus Vereinfachungsgründen wurde von einer Haftungsvergütung für die GmbH abgesehen. Die GmbH ist mit einem Stammkapital von 25.000 € ausgestattet, das sie der KG als Darlehen zum banküblichen Zinssatz zur Verfügung stellt.

3. Ergebnisse

Die den zusammengefassten Ergebnissen zu Grunde liegenden Berechnungen sind der Internetseite des Verlags zu diesem Buch zu entnehmen.

	OHG	GmbH	GmbH & Co. KG
	€	€	€
GewSt der OHG	18.249		
Tarifliche ESt der Gesellschafterinnen	35.316		
SolZ auf ESt	1.942		
KSt der GmbH		7.950	
SolZ auf KSt der GmbH		437	
GewSt der GmbH		8.162	
GewSt Komplementär-GmbH			
Festzusetzende ESt der Gesellschafterinnen nach Grundtarif		13.846	
SolZ auf ESt		762	
Pauschale ESt incl. SolZ auf Kapitaleinkünfte		9.614	
GewSt der KG			18.249
KSt der Komplementär-GmbH incl. SolZ			277
GewSt der Komplementär-GmbH			270
Tarifliche ESt der Gesellschafterinnen			34.580
SolZ auf ESt			1.902
Gesamtbelastung mit Steuern	39.747	40.771	39.517

Alle Ergebnisse liegen dicht beieinander. Die Gestaltungen als Personengesellschaften weisen leichte Vorteile gegenüber der Rechtsform der GmbH auf. Der steuerliche Vorteil der GmbH & Co. KG dürfte durch die höheren Verwaltungskosten infolge zweier Jahresabschlüsse überkompensiert werden. Sie bietet allerdings den Vorteil der Haftungsbegrenzung für die Gesellschafterinnen, der sonst nur über eine Kapitalgesellschaft zu erreichen ist.

Effekte aus der gewählten Rechtsform ergeben sich weiterhin bei der Refinanzierung der Einlagen. Müssen die Gesellschafter ihre Einlagen fremdfinanzieren, sind die daraus resultierenden Schuldzinsen bei der Gewinnermittlung von Personengesellschaften in voller Höhe berücksichtigungsfähig. Bei Kapitalgesellschaften greift der mit dem Teileinkünfteverfahren verbundene lediglich 40 %-ige Abzug von Betriebsausgaben. Zusätzlich weisen Personengesellschaften Vorzüge in Verlustsituationen auf, da die entstandenen Verluste grds. mit anderen Einkünften der Gesellschafter verrechnet werden können. Dem hingegen verbleiben Verluste bei der Kapitalgesellschaft und gehen nicht auf die Ebene der Gesellschafter über.

9.2.3 Besteuerung und private Vermögensanlage

Zu den beruflichen Aufgaben der Steuerberater gehört es, ihre Mandanten in Fragen der privaten Vermögensanlage zu unterstützen. Die Anlageentscheidungen werden regelmäßig unter der Zielsetzung getroffen, die eigene Steuerbelastung zu reduzieren. Viele Initiatoren stellen gerade die steuerlichen Vorteile der von ihnen kreierten Anlagemodelle in den Vordergrund. Deshalb gilt es, diese Effekte zu analysieren und in einem investitionsanalytischen Rahmen zu betrachten. Die Problemanalyse muss zunächst ein Maß entwickeln, um die Vorteilhaftigkeit der anstehenden Investition z. B. mit Hilfe des Vermögensendwerts oder internen Zinses zu beschreiben. Die Einflüsse aus der Ertragsbesteuerung des Investors sind dabei separiert offen zu legen. Besondere Bedeutung kommt der Einbeziehung risikobezogener Aspekte zu. Sie lassen sich bzgl. der Investitionsrisiken durch die systematische Variation der wesentlichen Parameter mit Hilfe von Sensitivitätsanalysen bewältigen. Den rechtlichen Risiken wäre gesondert Rechnung zu tragen. Im Ergebnis zeigt sich vielfach, dass diejenigen Anlageobjekte als kritisch anzusehen sind, deren Vorteilhaftigkeit lediglich auf sog. Steuervorteilen beruht.

Aber auch die klassische Vermögensanlage in Immobilien wird durch den Einfluss der Besteuerung entscheidend geprägt.

Beispiel:
Ein Kapitalanleger beabsichtigt, ein Mehrfamilienhaus zu errichten. Die Wohnungen sollen ausschließlich fremd vermietet werden. Die Gesamtkosten belaufen sich auf 3,0 Mio. € (inkl. Grundstück, Baukosten, GrdESt, Notar, Grundbuch). Davon entfallen auf die Baukosten 2,550 Mio. €. Die Objektfinanzierung erfolgt zu 25 v. H. mit Eigenkapital (0,75 Mio. €). Die Fremdmittel von 2,25 Mio. € sind jährlich mit 7,0 v. H. zu verzinsen und 1,0 v. H. zu tilgen. Die anfängliche Jahresmiete beträgt 90.000 €. Die jährlichen Bewirtschaftungskosten belaufen sich auf 11.000 €.

Der Mandant bittet seinen Steuerberater, ihm eine Rentabilitäts- und Liquiditätsplanung für unterschiedliche steuerliche Konstellationen zu erstellen.

Ohne Einbeziehung der Einkommensbesteuerung des Investors beträgt die Objektrendite im Anfangsjahr 2,6 Prozent [(90.000 €./. 11.000 €)/3.000.000 €] und erreicht damit eine im frei finanzierten Wohnungsbau nicht unübliche Größenordnung.

Das detaillierte Investitionskalkül lässt sich wie folgt entwickeln:

		01	02	03
		T€	T€	T€
Miete		90	90	90
Darlehen:	Jahresanfang	2.250	2.227	2.204
	Tilgung	23	23	23
	Jahresende	2.227	2.204	2.181
Zinsen		158	156	154
Bewirtschaftungskosten		11	11	11
Absetzung für Abnutzung (2 %)		51	51	51
Verlust aus VuV		./. 130	./. 128	./. 126
Steuerersparnis				
bei Steuersatz 40 %		52	51	50
bei Steuersatz 30 %		39	38	38
Liquidität nach Steuern				
bei Steuersatz 40 %.		./. 50	./. 49	./. 48
bei Steuersatz 30 %		./. 63	./. 62	./. 60
Rendite nach Steuern				
bei Steuersatz 40 %. (in %)		./. 3,6	./. 3,5	./. 3,3

Aus den Berechnungen geht hervor, dass die Immobilieninvestition bei stationären Verhältnissen bereits im Bereich hoher Grenzsteuersätze eine negative Rendite aufweist. Sollte sich die Einkommenssituation im Zeitablauf nicht aufrechterhalten lassen, kommt es darüber hinaus zu erheblichen Liquiditätsbelastungen des Investors.

Literaturhinweise zu Kapitel 9

Breithecker, V.: „Einführung in die Betriebswirtschaftliche Steuerlehre", 15. neu bearbeitete Auflage, Hamburg 2009

Kußmaul, H.: „Betriebswirtschaftliche Steuerlehre" 6. Auflage, München, Wien 2009

Wilke, K.: „Lehrbuch internationales Steuerrecht" 10. Auflage, Herne 2010

Sachverzeichnis

A
Abfärbetheorie, 19
Abgabenordnung, 113, 114
Ablaufhemmung, 121
Allgemeines Steuerrecht, 5
Altersentlastungsbetrag, 28
Anrechnungsverfahren, 51
Arbeitnehmer-Pauschbetrag, 25
Aufzeichnungspflichten, 88
Ausbildungsfreibetrag, 33
Außenprüfung, 123
Außergewöhnliche Belastung, 32, 33
Aussetzung der Vollziehung, 120

B
Beiträge, 3
Besonderes Steuerrecht, 5
Bestandskraft, 121
Besteuerungsverfahren, 113, 114
Bestimmungslandprinzip, 89
Betriebsausgabe, 17, 22
Betriebseinnahme, 17
Betriebsveräußerung, 22
Betriebsvermögen, 15, 16
    gewillkürtes, 15, 16
    notwendiges, 16
Betriebsvermögensvergleich, 14
Bewertungsgegenstand, 107
Bewertungsmaßstäbe, 107
Bundesergänzungszuweisung, 5

D
Drei-Objekt-Grenze, 26
Durchschnittssteuersatz, 34

E
Einfuhr, 79
Einkommensteuer, 11, 12, 14
Einkommensteuertarif, 34–36
Einkünfte, 12
    außerordentliche Einkünfte, 36
    Gesamtbetrag der Einkünfte, 28
    Summe der Einkünfte, 27, 28
Einnahmen, 18
Einnahmen-Überschuss-Rechnung, 17–19
Einspruch, 122
Einzelveranlagung, 38
Empfängersitzortprinzip, 78
Entgelt, 81
Erhebungsverfahren, 119–121
Ermittlungsverfahren, 115–117
Ertragshoheit, 4, 5
Ertragswertverfahren, 109
Export, 80

F
Festsetzungsverfahren, 117, 118
Finanzamt, 8, 9
Finanzausgleich, 4, 5
Finanzplan, 130, 131
Finanzverwaltung, 8
Folgebescheid, 66

G

Gebietskörperschaften, 1
Gebühren, 3
Gemeinsamer Markt, 89
Gemeinschaftsteuern, 4
Gemischte Tätigkeit, 23
Gesetzgebungshoheit, 3
Getrennte Veranlagung, 39
Gewerbebetrieb, 19, 58
Gewerbeertrag, 59
Gewerbesteuer, 57–59
Gewinneinkunftsarten, 13
Gleichmäßigkeit der Besteuerung, 7
Grenzsteuersatz, 34
Grundfreibetrag, 34
Grundlagenbescheid, 66
Grundtarif, 34

H

Haupteinkunftsarten, 14
Haushaltshilfe, 38
Hebesatz, 64
Hinzurechnungen, 61–63

I

Inland, 76
Innergemeinschaftliche Lieferung, 91
Innergemeinschaftlicher Erwerb, 89
Ist-Besteuerung, 86

J

Jahresrohmiete, 109

K

Kalkulationszins, 129
Kapitalertragsteuer, 26
Kapitalvermögen, 25
Kapitalwert, 128, 129
Katalogberufe, 23
Kausalabgaben, 3
Kinderfreibetrag, 33, 34
Kindergeld, 33
Kirchensteuer, 31, 39
Kleinbetragsrechnung, 82
Kleinunternehmer, 87
Körperschaftsteuer, 47–50
Kommunaler Finanzausgleich, 5
Kürzungen, 63

L

Land- und Forstwirtschaft, 19
Lieferung, 76
Lohnsteuerabzug, 24

M

Masseneinsprüche, 119
Mittelbehörde, 8
Mitunternehmerschaft, 19

N

Nebeneinkunftsarten, 14
Nettokalkulationszinssatz, 129
Nichtselbständige Arbeit, 23–25

O

Oberbehörden, 8
Oberfinanzdirektion, 8
Offenbare Unrichtigkeit, 121
Ort der Leistung, 77–79

P

Partialmodell, 131
Privateinlagen, 16
Privatentnahmen, 15, 16
Privatvermögen, 15
Progressionszone, 34
Proportionalzone, 34

Q

Quellensteuer, 24

R

Realsplitting, 31
Rechnung, 82
Rendite, 135
Riester-Rente, 31

S

Sachwertverfahren, 109
Selbständige Arbeit, 23
Solidaritätszuschlag, 39
Sollbesteuerung, 86
Sonderausgaben, 30–32
Sonderbetriebsausgaben, 20
Sondervergütungen, 20
Sonstige Einkünfte, 26
Sparer-Pauschbetrag, 26
Spekulationsgeschäfte, 27
Spenden, 32

Sachverzeichnis

Splittingtarif, 35
Steuerbefreiungen, 12, 48, 59, 80
Steuerbescheid, 117, 118
    Änderung, 119
Steuergegenstand, 58
Steuerhinterziehungen, 121
Steuerhoheit, 3
Steuerklassen, 24
Steuerliche Leistungsfähigkeit, 32
Steuermessbescheid, 66
Steuermessbetrag, 59, 60, 64
Steuermesszahl, 64
Steuern, 1
    Besitzsteuern, 2
    direkte, 2
    Ertragsteuern, 2
    indirekte, 2
    Substanzsteuern, 2
    Verkehrsteuern, 2, 73
Steuerpflicht
    beschränkte Steuerpflicht, 11, 12, 47, 102
    unbeschränkte Steuerpflicht, 11, 47, 102
Steuerrichtlinien, 7

T
Tarifliche KSt, 53
Territorialprinzip, 12
Testament, 102

U
Überschusseinkunftsarten, 13, 18–20
Übriges Gemeinschaftsgebiet, 90
Umsatzsteuer, 73–76
    Identifikationsnummer, 92
    Voranmeldung, 86
Unterhaltsaufwendungen, 33

Unternehmen, 76
Unternehmer, 76

V
Veranlagung, 38, 53
Verdeckte Einlage, 49
Verdeckte Gewinnausschüttung, 49
Verjährung, 120
Verlustabzug, 29, 30, 64
Verlustausgleich, 28
Vermächtnis, 103
Vermietung und Verpachtung, 26–28
Vermögensanlage, 134
Vermögensarten, 107
Verwaltungshoheit, 3
Vollstreckungsverfahren, 113
Vorauszahlungen, 39, 53, 67
Vorbehalt der Nachprüfung, 118
Vorläufige Steuerfestsetzung, 119
Vorsorgeaufwendungen, 31
Vorsteuerabzug, 82–84

W
Welteinkommensprinzip, 12
Werbungskosten, 18
Wesentliche Beteiligung, 22
Wiedereinsetzung, 123

Z
Zerlegung, 65, 66
Zu versteuerndes Einkommen, 12, 48
Zufluss und Abflussprinzip, 18
Zugewinnausgleich, 103, 104
Zugewinngemeinschaft, 103
Zusammenfassende Meldung, 92
Zusammenveranlagung, 38

The manufacturer's authorised representative in the EU is Springer Nature Customer Service Centre GmbH, Europaplatz 3, 69115 Heidelberg, Germany. If you have any concerns regarding our products, please contact ProductSafety@springernature.com

Printed and bound by CPI Group (UK) Ltd, Croydon, CR0 4YY
25/03/2026
02078221-0004